DIE COOLSTEN SCHÜLERWITZE

Da lacht der ganze Pausenhof

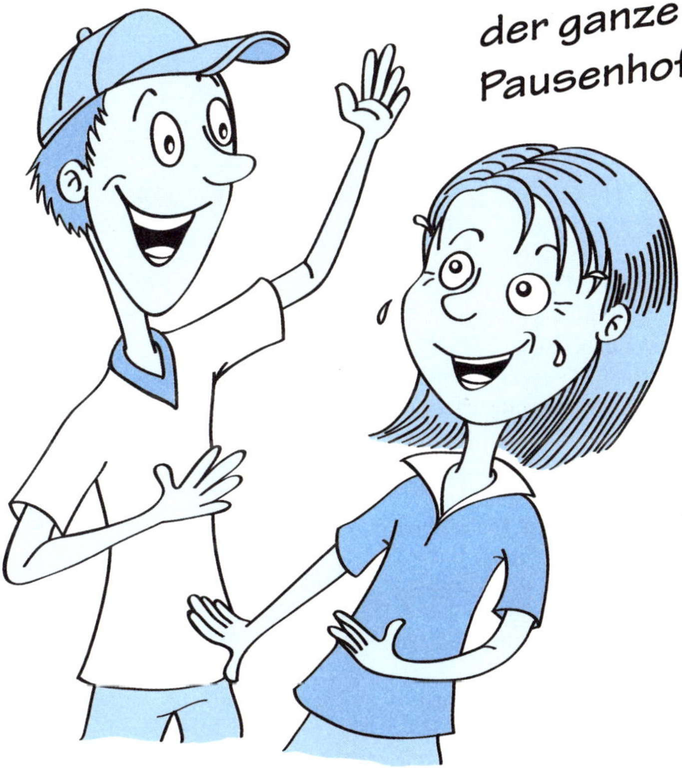

© Compact Verlag GmbH
Baierbrunner Straße 27, 81379 München
Ausgabe 2016

Alle Rechte vorbehalten. Nachdruck, auch auszugsweise,
nur mit ausdrücklicher Genehmigung des Verlages gestattet.

Text: Dorthe Teßarek
Illustrationen: Tobias Thies
Redaktion: Patrizia Gottwald
Produktion: Ute Hausleiter
Gestaltung: Roman Bold & Black
Umschlaggestaltung: Hartmut Baier, PIXELCOLOR

ISBN 978-3-8174-9955-7
381749955/1

www.compactverlag.de

Vorwort

Schüler aufgepasst! Jetzt wird's lustig,
denn hier wird über jeden gelacht –
Schüler, Lehrer, Eltern!

Hier findest du die lustigsten und genialsten
Witze mit Themen rund um die Schule auf
über 200 Seiten. Damit kommt bei jedem
garantiert gute Laune auf und der Schulalltag wird einfach witziger und erträglicher.
Denn Witze gehören zum Schulalltag wie
der Spickzettel zur Klassenarbeit. Und lachen
kann man nie genug.

Also, einfach weitererzählen und sich
zusammen schlapplachen!

Inhalt

Aller Anfang ist schwer! 5

Lehrer haben's auch nicht leicht 29

Wo er recht hat, hat er recht 46

Ohne Worte 64

Was kein Lehrer weiß 83

Immer diese Eltern 99

Lehrer unter sich 114

Dumm gelaufen 119

Live aus dem Klassenzimmer 128

Ganz schön clever 137

Knapp daneben ist auch vorbei 142

Gut gekontert 155

Die etwas andere Schule 167

Das ABC des Zuspätkommens 177

Der Tag der Wahrheit – Das Zeugnis 183

Gut geraten ist halb gewusst 192

Wandertag: Immer wieder schön 206

Aller Anfang ist schwer!

Die schon in die Jahre gekommene Frau Gehnau lernt ihre neuen Erstklässler kennen. Mit geradem Rücken sitzt sie am Pult und lässt jeden Schüler der Reihe nach aufstehen und sich vorstellen.
„Hallo, ich bin der Hannes." Tadelnd schüttelt sie den Kopf. „Das heißt: Guten Morgen, mein Name ist Johannes."
Als nächstes steht ein kleines Mädchen auf: „Guten Morgen, ich heiße Tina." Wieder berichtigt Frau Gehnau: „Bettina."
Dann ist eine Hannah an der Reihe. Auch hier: „Das heißt Johanna." Jetzt ist Kurt an der Reihe. Er springt auf und ruft: „Guten Morgen, Frau Gehnau, meine Name ist Jokurt!"

Am Tag nach der Einschulung weckt die Mutter Greta: „Aufstehen, Greta. Es ist Zeit für die Schule."
Greta kuschelt sich tiefer in ihre Decke:
„Aber Mama, da waren wir doch schon gestern."

MATHELEHRER WIMMER STEHT MAL WIEDER VOR DER ERSTEN KLASSE: „ALSO NOCHMAL, MARIE: WENN DU NUN ZEHN BONBONS HAST UND ICH DIR VIER WEGNEHME, WAS HAST DU DANN?" – „DANN HAB ICH EIN GUTES GEWISSEN, WEIL DIE MAMI IMMER SAGT, DASS GUTE MENSCHEN TEILEN SOLLEN; ABER ICH GLAUB, FÜR IHR GEWISSEN SIEHT ES DANN EHER SCHLECHT AUS."

Am ersten Schultag wird den Kindern alles genau erklärt. Zum Schluss will die Klassenlehrerin wissen: „Gibt es noch irgendwelche Fragen?" Da hebt der kleine Klaus die Hand: „Und wann genau sind Ferien?"

„Klaus, wie nennt man denn eine Person, die etwas stiehlt?" Klaus kommt nicht drauf. „Also, überleg mal, was bin ich, wenn ich dir jetzt in die Tasche greife und 50 € heraushole?" – „Ein Zauberer wie Dumbledore?"

AM ERSTEN SCHULTAG. "UND WIE HEISST DU, MEIN JUNGE?" – "JAKOB KEHL, LEHRER." DER LEHRER LÄCHELT. "DAS HÖRT SICH ABER MIT EINEM HERR DAVOR BESSER AN." – "ALSO GUT, LEHRER, DANN EBEN HERR JAKOB KEHL."

DEUTSCHLEHRERIN FRAU BÜCHLEIN BEUGT SICH GANZ BESORGT ZU FRANK, EINEM ERSTKLÄSSLER, HINUNTER: "SAG MAL, FRANK, DU BIST DOCH NICHT ETWA KRANK? DU BIST HEUTE SO BLASS IM GESICHT." FRANK WINKT AB. "NÖ, MIR GEHT'S GUT. HEUTE MORGEN HAT MICH NUR MEINE MUTTI GEWASCHEN, SONST MACH ICH DAS NÄMLICH SCHON GANZ ALLEIN."

Im Sachunterricht versucht die Lehrerin den Schülern der ersten Klasse anschaulich das Thema Elektrizität nahezubringen: "Schaut, wenn man einer Katze entgegengesetzt über das Fell streichelt, entsteht Elektrizität." Ehrfürchtig meldet sich Simon: "Und wo bekommt das Elektrizitätswerk dann die ganzen Katzen her?"

Mariechen übt Zahlen schreiben. Die ersten zehn klappen ganz gut, aber bei der Elf kommt sie ins Stocken. "Herr Wimmer, kommt die zweite Eins vor oder nach der ersten?"

Die Mutter hat Klaus eingeschärft, gleich von Anfang an gut in der Schule mitzuarbeiten und zu zeigen, was er alles weiß. Als nun die Lehrerin die Namen der Schüler aufrufen will, ruft er: „Nicht vorsagen! Ich weiß es!"

Klassenlehrerin Frau Gehnau zu ihrer Klasse: „Die Entfernung von Sternen ist mittlerweile eine exakte Wissenschaft." Darauf bekommt Mariechen ganz große Augen: „Aber warum sollen die denn entfernt werden, wo die doch so schön funkeln!"

Mariechen erzählt begeistert vom Wochenende: „... und dann hab ich noch ein weißes Pferd gesehen ..." Frau Gehnau unterbricht sie: „Das nennt man Schimmel, Marie." „O.K., und dann war da noch ein schwarzes Pferd ..." Wieder wird sie unterbrochen: „Diese Pferde nennt man Rappen." Mariechen, jetzt schon leicht gereizt, fährt fort: „Und dann war da noch eine Kuh, die war vorne ganz rappelig und hinten ganz schimmelig!"

„Also Klaus, wenn du zehn Bonbons hast und die mit deinem Bruder teilst, wie viele Bonbons bleiben dir?" Klaus antwortet, ohne zu zögern: „Sieben, Herr Wimmer." – „Jetzt reicht's aber, Klaus, du wirst doch wohl durch zwei teilen können." – „Ich schon, aber mein Bruder Gott sei Dank nicht!"

Mariechen läuft weinend zu Frau Büchlein. Schluchzend deutet sie auf Klaus: „Der hat mir mein Pausenbrot auf den Boden geworfen!" – „Mit Absicht?" Mariechen weint noch lauter: „Nein, mit Marmelade!"

Frau Gehnau aktualisiert mal wieder die Klassenlisten ihrer ersten Klasse: „Marie, bist du die Älteste bei euch zu Hause?" – „Nein, Frau Gehnau, meine Mama und mein Papa sind viel älter als ich."

MARIECHEN HAT HEUTE IHREN KLEINEN HUND MIT IN DIE SCHULE GEBRACHT. DIE KINDER SCHAREN SICH BEGEISTERT UM DAS TIER, DOCH FRAU GEHNAU RÜMPFT DIE NASE: „MARIE, ICH HALTE DAS FÜR KEINE GUTE IDEE, EIN TIER MIT IN DIE SCHULE ZU BRINGEN. DENK DOCH BITTE AN DEN DRECK UND DEN GERUCH." – „ACH FRAU GEHNAU, KEINE SORGE, DAS HÄLT MEIN BEPPI SCHON AUS."

Zuhause beschwert sich der kleine Bernd: „Toll, heute hat uns Frau Gehnau Bilder von berühmten Türmen gezeigt und dabei war einer ganz schief!" – „Oh ja", meint seine Mutter. „Das ist der schiefe Turm von Pisa." – „Na toll, der ist berühmt, aber ich kassier eine Vier in Werken, nur weil meine Tonvase nicht ganz gerade ist!"

DIE KLEINE JULIA BERICHTET GANZ AUFGEREGT IN DER SCHULE: „WIR HABEN GESTERN EIN KLEINES FOHLEN BEKOMMEN." – „UND, WOLLT IHR ES GROSSZIEHEN?" DARAUF JULIA GANZ ERSCHRECKT: „ABER NEIN, DAS WÜRDE IHM DOCH WEHTUN. WIR LASSEN ES GANZ ALLEINE WACHSEN."

Biolehrer Kellermann fordert das Mariechen auf: „Nenne uns doch bitte einmal einige Säugetiere." Das Mädchen fängt an: „Häschen, Hündchen, Kätzchen..." Kellermann unterbricht sie. „Marie, du hast ja recht, aber lass bitte das alberne ‚-chen' weg." Mariechen zuckt mit den Schultern: – „Kanin."

Im Schulgarten. „Herr Kellermann, was stinkt hier denn so?" – „Das ist der Mist; der kommt auf die Erdbeeren!" Klaus reißt die Augen auf: „Wäre Schlagsahne nicht leckerer?"

Herr Wimmer versucht erneut, Mariechen das Rechnen beizubringen: „Schau, wenn du zehn Euro hast, und die Hälfte dem Klaus hier leihst, was hast du dann noch?" – „Die andere Hälfte."

„Nennt mir doch einige Elemente, die euch bereits bekannt sind", fordert Frau Gehnau die Klasse auf. Brav zählen die Schüler auf: Wasser, Feuer und Luft. Da meldet sich Mariechen: „Und Bier!" Frau Gehnau schüttelt energisch den Kopf: „Das ist ja vollkommener Unsinn. Wie kommst du denn auf diesen Unfug?" – „Na, immer wenn der Papi Bier trinkt, sagt meine Mama: Jetzt ist er wieder in seinem Element."

Matheunterricht in der ersten Klasse:
„Also, Klaus, jetzt lege ich fünf Eier auf den Tisch und du legst dann noch drei dazu. Wie viel Eier liegen dann auf dem Tisch?" – „Gar keins! Ich bin schließlich kein Huhn und Sie doch auch nicht der Osterhase!"

Bernd kommt nach der Schule ganz aufgeregt nach Hause und berichtet seiner Mutter, dass ihn ein kleiner Floh gebissen hat. Die Mutter lacht: „Keine Sorge Bernd, das war mit Sicherheit ein Irrtum." Am nächsten Tag im Stuhlkreis: „Und gestern, da hat mich ein kleiner Irrtum gebissen!"

„Marie, bitte bilde einen Satz mit immerhin."
Mariechen überlegt und überlegt, schließlich hellt sich ihr Gesicht auf und sie antwortet: „Wenn der Papa die Waschmaschine repariert, ist die danach immer hin."

Im Religionsunterricht erklärt Pfarrer Himmelreich, dass Gott Adam eine Rippe herausgenommen hat, und daraus Eva gemacht hat. Entsetzt fasst sich Klaus an die Seite: „Herr Himmelreich, meine Rippe tut seit gestern weh; bekomme ich jetzt auch eine Frau?!"

KLAUS SITZT IM RELIGIONSUNTERRICHT UND SCHMOLLT. „DAS MIT DEM BETEN IST DOCH TOTALE ZEITVERSCHWENDUNG! JETZT HAB ICH SOOOO OFT SCHON GEBETET, DASS ICH EINE EINS IN MATHE KRIEGE UND WAS HAT'S GENUTZT? GAR NIX!"

MARIECHEN HÄLT EIN REFERAT ÜBER DEN MOND. „... UND DANN IST DA NOCH DER MANN IM MOND..." HIER UNTERBRICHT SIE IHRE LEHRERIN FRAU GEHNAU: „LIEBE MARIE, ES GIBT SELBSTVERSTÄNDLICH KEINERLEI LEBEN AUF DEM MOND UND SCHON GAR NICHT EINEN MANN." – „ACH JA? UND WER, BITTE SCHÖN, MACHT DA ABENDS DAS LICHT AN?"

Frau Gehnau erklärt den Schülern, dass sie es gar nicht mag, wenn Kinder vor den anderen angeben: „Merkt euch, Eigenlob stinkt."
Kurze Zeit später ruft Klaus plötzlich: „Ihhh, hier hat sich gerade jemand selbst gelobt!"

Klaus sitzt verstört im Unterricht. Als Frau Gehnau ihn fragt, was denn mit ihm los sei, antwortet er: „Ich glaube, wir sind ganz, ganz arm. Als mein kleiner Bruder gestern einen Euro verschluckt hat, haben Mama und Papa alles probiert, um ihn wieder herauszubekommen."

Nach der Schule gehen Klaus und Mariechen gemeinsam nach Hause. Nach einer Weile fragt Klaus: „Sag mal, weißt du eigentlich, wo die Babys herkommen?" – „Das ist wie bei den Bienen und den Blumen, hat der Biologielehrer erklärt."
„So ein Quatsch!", erklärt Klaus empört. „Meine Mama ist nämlich allergisch gegen Bienen."

„Du hast mir doch nicht etwa die Zunge herausgestreckt, Klaus?!", schreit ihn Frau Gehnau entrüstet an. „Nein", verteidigt sich Klaus. „Mein Kopf ist nur ein bisschen nach hinten gekippt und die Zunge ist einfach nicht schnell genug nachgekommen."

MATHEUNTERRICHT IN DER ERSTEN KLASSE:
„ALSO, MARIECHEN, DU HAST HIER DREI BLEISTIFTE LIEGEN UND JETZT BITTE ICH DICH, MIR EINEN ZU GEBEN, WIE VIELE STIFTE LIEGEN HIER DANN NOCH?" – „IMMER NOCH DREI, SIE HABEN DOCH SELBST EINEN BLEISTIFT, DA BEKOMMEN SIE DOCH KEINEN VON MEINEN!"

Da die Klassenlehrerin krank geworden ist, wird die erste Klasse von einer Referendarin unterrichtet. An diesem Tag kommt Klaus nachdenklich nach Hause. „Mama, die Schule ist zu anstrengend. Stell dir vor; wir haben jetzt schon eine neue Lehrerin. Die alte war wohl schon verbraucht."

Nach dem Sexualkundeunterricht sitzt Klaus ganz verstört neben seinem Freund: „Hättest du gedacht, dass Mädchen so wichtig sind?"

Es ist mal wieder Zeit für die Schulfotos. Der engagierte Fotograf lächelt Klaus freundlich an: „So, nun schau doch mal hier auf das schwarze Loch, da kommt gleich das Vögelchen raus." Klaus runzelt die Stirn: „Sollten Sie nicht lieber auf die Belichtungsstärke und die Blendeneinstellung achten? Sonst wird das Foto nämlich unscharf."

Bernd steht auf dem Schulhof und hüpft von einem Bein auf das andere. Frau Gehnau sieht ihren Schüler und fragt: „Bernd, müsstest du vielleicht auf die Toilette?" – „Ja, ganz doll!" – „Nun, dann geh doch bitte." Bernd schaut Frau Gehnau entgeistert an: „Ich bin doch nicht blöd; jetzt ist schließlich Pause."

HERR WIMMER VERZWEIFELT MAL WIEDER IN DER ERSTEN KLASSE. „DANN ALSO NOCH EINMAL, MARIECHEN: WENN ICH ACHT ÄPFEL HABE UND SIE AN VIER KINDER VERTEILEN WILL, WIE MACH ICH DAS?" NACH EINER WEILE ERHELLT SICH MARIECHENS GESICHT: „MAMA MACHT DARAUS APFELMUS!"

In der Pause bekleckert sich Klaus über und über mit seinem Kakao. Kopfschüttelnd meint Frau Gehnau: „Klaus, du bist wirklich ein Ferkel." Darauf der kleine Junge: „Was erwarten Sie? Meine Mama sagt ja auch, dass mein Papa ein altes Schwein ist."

MARIECHEN GIBT IHRE MATHEHAUSAUFGABE BEI HERRN WIMMER AB. „HIER IST DIE AUFGABE, DIE ICH ZU HAUSE RECHNEN SOLLTE UND ICH HAB SIE FÜNF MAL NACHGERECHNET!", ERKLÄRT SIE STOLZ DEM LEHRER, DER IHR WOHLWOLLEND ZULÄCHELT. „UND HIER STEHEN DANN ALLE FÜNF ERGEBNISSE."

Frau Gehnau verzweifelt, weil der kleine Klaus sie immer noch hartnäckig mit du anspricht: „Bis morgen wirst du das Wörtchen Sie zwanzig Mal auf ein Blatt schreiben und mir mitbringen." Am nächsten Tag gibt Klaus das Blatt brav ab. „Warum hast du es denn dreißig Mal geschrieben?" – „Für dich mach ich das gerne."

Mariechen schaut Herrn Kellermann ungläubig an, als dieser behauptet, dass Erwachsene nicht mehr wachsen. „Aber Sie wachsen auf jeden Fall noch!" – „Aber wie kommst du denn darauf?", fragt sie der Biologielehrer. Sie zeigt auf seinen kahlen Kopf. „Sie wachsen doch schon durch die Haare durch."

„Klaus, wenn du 20 € hast, und du die Hälfte davon deiner grossen Schwester gibst, was hast du dann?", versucht es Herr Wimmer mal wieder in der ersten Klasse. „Dann hätte ich einen Knall, Herr Wimmer!"

DER KLEINE FRANK IST EIN SEHR HÖFLICHES KIND. ALS ER IM BUS EINE SCHWANGERE FRAU SIEHT, STEHT ER SOFORT AUF UND BIETET IHR SEINEN PLATZ AN. ALS SEINE LEHRERIN FRAU GEHNAU AM NÄCHSTEN TAG VON DER KLASSE WISSEN WILL, WAS EIN ECHTER GENTLEMAN IST, SCHIESST SEIN FINGER ALS ERSTES IN DIE HÖHE. STOLZ SAGT ER: „EIN GENTLEMAN IST EIN MANN, DER EINE SCHWANGERE SITZEN LÄSST."

Frau Gehnau: „Wie viele Erdteile gibt es?" Mariechen meldet sich: „Fünf." – „Bitte genauer, Marie!" – „Eins – zwei – drei – vier – fünf."

„Also nochmal, Mariechen", versucht es Herr Wimmer. „Wenn du jetzt diese drei Euro in deine Hosentasche tust und dann zwei verlierst, was hast du dann?" – „Nichts. Ich hab doch heute einen Rock an." Verzweifelt wendet sich der Lehrer an den Banknachbarn: „Klaus, wenn du drei Euro in die Hosentasche steckst und dann zwei verlierst, was hast du dann?" – „Ein großes Loch in der Tasche, Herr Wimmer."

Klassenlehrerin Frau Gehnau schaut Mariechen über die Schulter: „Ja, sag mal, warum schreibst du denn so schnell, das kann man ja kaum noch lesen." Mariechen schaut ihre Lehrerin entschuldigend an: „Ich muss mich so beeilen, meine Füllerpatrone ist gleich leer!"

Kurz vor Weihnachten fragt Frau Gehnau ihre Klasse: „So, heute dürft ihr alle einen Weihnachtswunsch nennen, bevor wir mit dem Unterricht fortfahren." Mariechen beginnt: „Also, ich wünsche mir über alles ein Pony!" Frau Gehnau rümpft die Nase: „Das ist aber recht unbescheiden! Darüber solltest du auf jeden Fall noch einmal nachdenken!" Mariechen stottert eingeschüchtert: „Aber ich dachte, der würde mir gut zu meinen Zöpfen stehen"

FRAU GEHNAU FRAGT IHRE KLASSE: „WAS GEHÖRT DENN NUN ALLES ZUR AUSRÜSTUNG EINES POLIZISTEN?" JEDES KIND WEISS ETWAS; ENDLICH IST KLAUS AN DER REIHE: „ABFÜHRMITTEL, FRAU GEHNAU." „ABER KLAUS, DAS IST JA ABSOLUTER UNSINN!" DOCH KLAUS WIDERSPRICHT EMPÖRT: „GAR NICHT! FÜHREN SIE DOCH MAL SO EINEN VERBRECHER OHNE HANDSCHELLEN AB!"

Der kleine Kurt steht an der Straße und steht und steht. Als Klaus vorbeikommt, fragt er: „Du Kurt, was stehst du denn hier herum? Du hattest doch schon vor 'ner Stunde Schulschluss." Kurt schnieft: „Ja, und ich will jetzt endlich nach Hause! Und aufs Klo muss ich auch!" – „Dann geh halt; du wohnst doch gleich da vorne!" – „Schon, aber es will einfach kein Auto kommen und heute hat uns der Polizist in der Schule erklärt, dass wir erst über die Straße gehen dürfen, wenn das Auto vorbei ist!"

Herr Wimmer startet einen neuen Versuch: „So, Mariechen, wenn du jetzt die Finger an deiner Hand zählst – so, und nun drei wegtust, was hast du dann?" Mariechen ganz hoffnungsvoll: „Endlich keinen doofen Klavierunterricht mehr?"

WÄHREND DER DEUTSCHPROBE SITZT MARIECHEN ÜBER IHREM BLATT UND DIE TRÄNEN KULLERN IHR ÜBER DAS GESICHT. VERSTÄNDNISVOLL BEUGT SICH FRAU BÜCHLEIN ZU IHR HINUNTER UND FRAGT: „DIE FRAGEN MACHEN DIR WOHL ARG ZU SCHAFFEN?" DOCH MARIECHEN SCHÜTTELT BESTIMMT DEN KOPF UND SCHNIEFT: „DIE FRAGEN SIND GANZ O.K., ABER MIT DEN ANTWORTEN KOMME ICH NICHT ZURECHT."

Auf dem Bauernhof stehen die Schüler der ersten Klasse vor dem Schweinestall. „Und das dort ist schon eine alte Sau." Mariechen schaut ihren Lehrer überrascht an: „Aber wieso? Was hat das Tier denn gemacht?"

KLASSENLEHRERIN GEHNAU VERSUCHT ERNEUT, IHRE KLASSENLISTEN ZU SCHREIBEN. „NUN, KLAUS, WAS IST DEIN VATER?" – „DER IST TOTAL ERKÄLTET." FRAU GEHNAU SCHÜTTELT DEN KOPF: „NEIN, KLAUS, ICH MEINE, WAS ER TUT." – „ACH SO. ER HUSTET DIE GANZE ZEIT."

Frau Gehnau erklärt: „Igel erwachen von Zeit zu Zeit immer kurz aus ihrem Winterschlaf." – „Ahhh", meint Klaus wissend, „die überprüfen also, ob sie noch leben!"

Am Ende der Stunde: „Frau Gehnau, was habe ich denn jetzt heute gelernt?", fragt Klaus. „Ja, das ist ja eine dumme Frage!", empört sich diese. „Sehen Sie, das sage ich zu Hause auch immer, aber ich bekomme dafür Ärger!"

Frau Gehnau erklärt: „Niemals darf man ein Tier küssen, da sich auf diesem Wege viele Bakterien und andere Krankheitserreger übertragen!" Traurig nickend meldet sich das Mariechen: „Ganz genau, meine Mama hat unsere Kitty auch immer geküsst und dann ist die Katze gestorben!"

Frau Büchlein hat das Mariechen am Tag zuvor auf einem Pferd gesehen. „Dein Hobby ist also reiten?" – „Hmm..." – „Und reitest du auch auf Turnieren?" – „Nein, ich reite immer nur auf Hoppi."

Auf dem Nachhauseweg bewundert Klaus Bernds neue Brille. „Cool, ist die aus Fensterglas?" – „So ein Quatsch, so ein Fenster ist doch viel zu groß..."

22

Frau Gehnau diktiert: „Die Amseln sind nun damit beschäftigt, das Futter für ihre Jungen zu suchen." Da empört sich Mariechen: „Und wann bekommen die Mädchen was zu essen?"

Frau Gehnau erklärt der Klasse soeben das Alphabet. Da unterbricht sie Klaus, der laut ruft: „Ich muss aufs Klo!" Tadelnd sagt die Lehrerin: „Dann musst du die Hand heben." Klaus schaut sie zweifelnd an: „Ich glaub nicht, dass das hilft."

„Wir leben viel zu verschwenderisch in unserer Zeit, und das ist gar nicht gut für unsere Umwelt. Wer kann mir denn ein Beispiel für Verschwendung nennen?" Nach kurzem Nachdenken meldet sich Mariechen: „Wenn man ein Farbfoto von einem Zebra macht?"

In der ersten Klasse will Klaus im Deutschunterricht wissen, was eine Matrone ist. "Nun, eine Matrone ist eine ältere Frau." Da meldet sich das Mariechen aufgeregt: "Und Patrone ist dann ein älterer Mann."

Mathelehrer Wimmer vertritt heute in der ersten Klasse. "Also, was ist denn 4+4, Klaus?" Nach langem Abzählen an den Fingern antwortet er: "8" – "Gut, Klaus." Dieser protestiert: "Gut, ehrlich?! Das war wohl eher perfekt!"

Frau Gehnau begrüßt einen neuen Schüler: "Wie heißt du?" – "Kevin." – "Und dein Alter?" – "Hubert."

„Marie, diesen Aufsatz über den Hund hast du aber nicht alleine geschrieben. Wer hat dir dabei geholfen?", will Frau Gehnau von Mariechen wissen. Die schaut sie ganz überrascht an: „Natürlich mein Hasso!"

Klaus kommt in der Pause mit einem weinenden Jungen zu Frau Büchlein. „Der hat einen Euro verschluckt." Tröstend legt sie den Arm um das weinende Kind. „Das ist aber toll, dass sich dein Freund so um dich kümmert und dich begleitet." Klaus widerspricht: „Ich bin nicht sein Freund. Der Blödmann hat meinen Euro verschluckt!"

ALS ENGAGIERTER MUSIKLEHRER ORGANISIERT HERR KLING FÜR DIE ERSTE KLASSE EINEN OPERNBESUCH. VERÄNGSTIGT FLÜSTERT IHM MARIECHEN WÄHREND DER VORSTELLUNG ZU: „WARUM BEDROHT DER MANN DA UNTEN DIE DICKE FRAU DA AUF DER BÜHNE?" – „DER MANN BEDROHT SIE NICHT; DAS IST DER DIRIGENT." MARIECHEN, WENIG ÜBERZEUGT: „UND WARUM SCHREIT SIE DANN SO?"

„Was bedeutet eigentlich gebar?", fragt das Mariechen im Reliunterricht. „Das heißt so viel wie geschenkt." Am nächsten Tag lässt Deutschlehrerin Büchlein einen Aufsatz schreiben. Mariechens lautet so: „Zu meinem Geburtstag gebar mir der Onkel Paul eine Katze."

Mathelehrer Wimmer ist kurz vorm Verzweifeln. Mariechen aus der 1d will die Plusaufgaben einfach nicht begreifen. „Also nochmal, Marie. Wenn ich dir jetzt vier Tafeln Schokolade gebe und dann noch mal zwei, wie viele Tafeln hast du dann?" Mariechen überlegt kurz und sagt dann traurig: „Drei." – „Nein Marie, es sind sechs!" Marie schüttelt stur den Kopf: „Ich muss Süßigkeiten immer mit meinem Bruder teilen, sagt meine Mama."

„So, und warum dürfen wir nichts von der Eibe in den Mund nehmen?", fragt Biolehrer Kellermann abschließend das Mariechen. Die antwortet ganz bestimmt: „Weil es meine Mama und weil Sie es uns gesagt haben!"

Frau Gehnau hält zwei rote Handschuhe in die Höhe: „Diese liegen nun schon seit drei Wochen hier rum. Ich würde gerne wissen, wem sie gehören." Da meldet sich Mariechen: „Die sehen zwar genauso aus wie meine, können es aber nicht sein. Ich hab meine nämlich vor ein paar Wochen verloren."

Klaus kommt ins Klassenzimmer. Entsetzt hält er sich die Nase zu und ruft: „Puh, hier stinkt's aber widerlich!" Seine Klassenlehrerin verbessert ihn streng: „Man sagt, hier riecht es." Klaus rümpft angeekelt die Nase: „Na gut: hier riecht es, als ob es stinkt."

Das Aufsatzthema in der Grundschule lautet: Dein schönstes Ferienerlebnis. Klaus schreibt: „In den Ferien sind wir mit dem Auto nach Münster gefahren. Das Wetter war sehr schön. Dann haben wir einen blöden Affen, eine Frau, die eh nicht ans Steuer gehört und ganz viele blöde Idioten überholt. Es war sehr schön."

Frau Gehnau aktualisiert mal wieder ihre Klassenliste. „Marie, wie heissen deine Eltern?" – „Mama und Papa." Frau Gehnau schüttelt streng den Kopf: „Ich meine, wie sie sich nennen?" – „Hasi und Möppelchen."

„Der Aufsatz über die Milch sollte aber eine ganze Seite lang sein, Klaus, und deiner ist nur eine halbe Seite lang!", schimpft Frau Gehnau. Dieser ist sich keiner Schuld bewusst: „Wieso? Die Milch, über die ich geschrieben habe, war auch schon halb leer."

<u>Klaus wendet sich vor dem Diktat verzweifelt an seinen Banknachbarn Emil. „Mist, kannst du mir vielleicht einen Füller leihen? Meiner macht immer so viele Fehler."</u>

„ALSO, WENN ICH DEM METZGER 80 €, DEM BÄCKER 30 €, DEM EISVERKÄUFER 15 € ZAHLEN MUSS UND IM SUPERMARKT NOCH FÜR 50 € EINKAUFE, WIE VIEL GELD MUSS ICH DANN MITNEHMEN, KLAUS?" – „KEINE AHNUNG, SO VIEL ESSEN WIR ZU HAUSE NICHT."

Lehrer haben's auch nicht leicht

Herr Doktor Heilesund sitzt während des Elternsprechtags entspannt vor Mathelehrer Wimmer. "So, wie macht sich denn der Filius in der Schule?" – "Im Unterricht macht er häufig einen eher verschlafenen Eindruck", entgegnet Herr Wimmer diplomatisch. Darauf Herr Doktor Heilesund überzeugt: "Das sind eben seine Talente, die noch in ihm schlummern."

Frau Büchlein versucht mal wieder, den eher unwilligen Schülern die Zeiten im Deutschen nahezubringen: "Also, wenn ich jetzt sage, ich bin schön; welche Zeit ist das?" Darauf Lukas prompt: "Na, ganz eindeutig die Vergangenheit."

Lustige Fakten aus dem Biologieunterricht: "Warum fliegen eigentlich so viele Vögel in den Süden, Maxi?" – "Herr Kellermann, zum Laufen wäre das ja auch ein bisschen weit!"

Ben und Paul lassen Papierflieger durch das Schulgebäude segeln. Einer landet genau vor den Füßen des Mathelehrers. Als er einen genaueren Blick auf den Flieger wirft, wird er rot vor Zorn. „Das sind ja Seiten aus dem Mathebuch!", brüllt er. Paul schaut ihn ganz verständnislos an: „Aber Sie haben doch selbst gesagt, wir sollen kreativ mit den Aufgaben umgehen!"

Herr Staubig erzählt vorne an der Tafel von der Völkerwanderung und wird dabei immer leiser. Irgendwann ruft jemand: „Lauter!" Völlig überrascht schaut der Geschichtslehrer auf: „Oh, Entschuldigung, ich wusste nicht, dass noch jemand zuhört!"

Nach den Sommerferien möchte Herr Tropisch von den Schülern wissen, wo sie überall gewesen sind. Besonders Maxi sticht hervor: „Wir waren in Griechenland, auf Korfu und in Kroatien auf Kirk und dann noch in Italien auf Sizilien." – „Na, dann wirst du dich ja in Geografie jetzt bestens auskennen." Maxi überlegt kurz. „Nein, da waren wir, glaub ich, nicht."

Mathelehrer Wimmer will die Hausaufgaben besprechen: „Also, Maxi, hast du herausgefunden, wie lange es dauert, von München nach Würzburg zu laufen?" – „Nicht genau, aber es dauert länger als ein Tag; mein Vater war nämlich heute Morgen immer noch nicht angekommen."

ERDKUNDELEHRER TROPISCH IST ÜBER DEN GERINGEN WISSENSSTAND SEINER KLASSE IMMER WIEDER ENTSETZT: „KANN MIR DENN ÜBERHAUPT JEMAND EIN BUNDESLAND MIT HAUPTSTADT NENNEN? ... LUKAS!" – „KLAR KANN ICH DAS, WELCHES SOLL'S DENN SEIN?"

HERR STAUBIG SCHWÄRMT: „DIE GESCHICHTE HAT UNS VIELE GROSSE MÄNNER UND FRAUEN GESCHENKT!" WÜTEND RUFT DER KLEINGERATENE OSKAR: „WAS HAT DAS JETZT SCHON WIEDER MIT DER GRÖSSE ZU TUN?"

Lena meldet sich im Matheunterricht. Herr Wimmer nimmt sie erstaunt dran. „Herr Wimmer, mein Mathebuch ist weg!" – „Oh, und wie lange vermisst du es schon?" Lena fängt an zu lachen: „Als ob ..."

FRAU BÜCHLEIN MÖCHTE VOM FUSSBALLFAN PAUL WISSEN: „WELCHE BERÜHMTHEITEN HABEN DICH BISHER BEEINDRUCKT?" – „GÖTZE, MANUEL NEUER UND VIELLEICHT NOCH DER JUNGE BECKENBAUER!" FRAU BÜCHLEIN SCHÜTTELT MIT DEM KOPF: „UND WAS IST MIT BRECHT, FRISCH ODER BÖLL?" – „ACH WISSEN SIE, REGIONALLIGA IST NICHT SO MEIN DING!"

„Lukas, wo ist schon wieder dein Heft?", schnauzt Herr Wimmer den Jungen an. „Wo ist Ihr Fahrrad?" Der Lehrer stutzt: „Welches Fahrrad?" – „Genau, welches Heft?"

„Heute üben wir die Gegenstandsbeschreibung, dazu lege ich euch hier meinen neuen Hut auf das Pult." Alle Kinder fangen an zu schreiben, nur Ben kaut gedankenverloren an seinem Füller. Frau Büchlein geht zu ihm: „Kann ich dir helfen, Ben?" – „Oh ja, ich weiß nämlich nicht, wie grottenhässlich geschrieben wird."

Frau Büchlein steht mal wieder kopfschüttelnd vor Ben: „Also, wirklich", mokiert sie sich. „Wie kann man nur immer so schmutzig sein? Ich komme doch auch nicht so in die Schule!" Ben zuckt mit den Schultern: „Aber Sie sind halt auch viel weiter vom dreckigen Boden entfernt als ich."

Herr Wimmer hat mal wieder eine ellenlange Aufgabe an die Tafel geschrieben. „Nun Lukas, was hältst du davon?" Dieser hebt den Kopf und schaut sich die Aufgabe eine Weile an, dann erklärt er: „Ich weiß zwar nicht die Lösung, aber ich bewundere das Problem."

Biologielehrer Kellermann steht niedergeschlagen vor der Klasse: „Manchmal habe ich das Gefühl, ihr nehmt mich gar nicht ernst!" Die gesamte letzte Reihe fängt an zu kichern: „Haha, der war gut!"

Mathelehrer Wimmer ist genervt: „Herr Wimmer, Herr Wimmer... könnt ihr nicht mal selber denken? Der nächste, der Herr Wimmer sagt, wird morgen an der Tafel geprüft." Zaghaft meldet sich Maxi: „Du, Gerd, kannst du mir die Aufgabe nochmal erklären?"

Frau Büchlein mustert Ben kritisch: „Habt ihr zu Hause seit neuestem eine Sonnenbank?" Ben lacht vergnügt: „Nee, nee, ich wasch mich nur so selten!"

IM ENGLISCHUNTERRICHT. „IHR ERKENNT DARAN, DASS IHR JETZT RICHTIG GUT IN ENGLISCH SEID, WENN IHR AUF ENGLISCH TRÄUMT. IST DAS SCHON MAL JEMANDEM PASSIERT?" DA MELDET SICH TIM. „OH PRIMA, UND WAS HAST DU GETRÄUMT?" – „KEINE AHNUNG, SO GUT IST IHR ENGLISCHUNTERRICHT DANN DOCH NICHT."

„Wenn deine Mutter nun 100 € für eine Hose, 150 € für Schuhe und noch 230 € für eine Uhr ausgeben würde, was wäre das Ergebnis?" – „Ein Riesenkrach mit Papa, auf jeden Fall."

HERR BROM ERKLÄRT IM CHEMIEUNTERRICHT: „ALSO, ALKOHOL EIGNET SICH NATÜRLICH AUSGEZEICHNET ALS LÖSUNGSMITTEL!" DARAUF TIM GANZ ALARMIERT: „ABER HERR BROM, ALKOHOL IST DOCH KEINE LÖSUNG!"

Frau Büchlein versucht den Schülern das Lesen schmackhaft zu machen: „Bücher sind so voller Magie…" Da hört man aus der letzten Reihe: „Ich dachte, Magie kommt in die Suppe!"

Kunstlehrerin Frau Pinsel hat mal wieder ein leeres Blatt von Lukas bekommen: „Die Aufgabe war nun wirklich nicht schwer. Du solltest eine Kuh auf der Wiese malen, so wie wir es auf dem Bauernhof gesehen haben!" Lukas wehrt sich: „Genau das hab ich gemacht!" – „Ach ja, und wo ist dann das Gras?" – „Das hat die Kuh schon längst aufgefressen." – „Und wo ist die Kuh?" – „Na die ist zurück in den Stall und hält ein Verdauungsschläfchen."

Herr Tropisch ist über die mangelnden geografischen Kenntnisse seiner Schüler entsetzt. „Also Paul, wo komme ich denn hin, wenn ich im Schulhof ein ganz tiefes Loch grabe?" Paul überlegt kurz und antwortet dann überzeugt: „In die Irrenanstalt, Herr Tropisch."

Frau Büchlein ist empört. „Lena, wie kann es denn sein, dass dein Aufsatz über das Haustier auf den Buchstaben genau dem gleicht, den ich letztes Jahr von deinem älteren Bruder bekommen habe?" Lena schaut Frau Büchlein genervt an: „Vielleicht, weil wir das gleiche Haustier haben?"

Herr Wimmer platzt der Kragen: „Lukas, wir beschäftigen uns hier mit einem schwierigen Matheproblem und du hörst nicht mal zu!" Betroffen schaut ihn Lukas an: „Also, das finde ich jetzt so gar nicht in Ordnung, wie Sie mich hier zum Aussenseiter abstempeln, ausserdem fehlt mir hier die Ich-Botschaft. Es wäre viel schöner, wenn Sie sagen: Ich beschäftige mich hier mit einem Problem und ihr hört nicht zu."

Herr Tropisch fragt Lena im Erdkundeunterricht, warum man den Blitz vor dem Donner wahrnimmt. Lena unterbricht nur widerwillig ihre angeregte Unterhaltung mit ihrer Tischnachbarin und sagt: „Na, vielleicht weil die Augen weiter vorne am Kopf sind als die Ohren."

Um die Schule transparenter zu machen, hat der Rektor den Tag des offenen Unterrichts eingeführt. Nervös steht Frau Büchlein vor ihren Schülern und gibt letzte Anweisungen: „Hört, wenn morgen eure Eltern mit im Unterricht sind, dann machen wir das so: alle, die was wissen, heben die rechte Hand; und die nichts wissen, die linke. Dann können sich alle Eltern freuen, dass ihr euch so brav meldet."

„WER KANN MIR DENN EIN BEISPIEL FÜR DIE KRAFT DES WASSERS NENNEN?", FRAGT DER LEHRER. EVI MELDET SICH: „ALSO, WENN ICH ETWAS UNBEDINGT HABEN WILL, MEINE MAMA ABER NEIN SAGT, DANN HEULE ICH SOLANGE BEI MEINEM PAPA, BIS ER ES MIR KAUFT!"

„Erkläre mir anhand eines Beispiels bitte den Begriff Abenddämmerung." – „Abenddämmerung ist, wenn es einem erst abends dämmert, dass man seine ganzen Hausaufgaben noch nicht gemacht hat."

Frau Büchlein fragt in Deutsch naiv in die Runde: „Nun, wie nennt man denn einen Menschen, der redet und redet, ohne dass es die Zuhörer interessiert, was er sagt?" Tim schaut sie mit großen Augen an: „Einen Lehrer, Frau Lehrerin!"

Freudig eröffnet Frau Büchlein der Klasse, dass sie nun einen Aufsatz mit dem Thema Ich und mein Haustier schreiben dürfen. Doch kaum haben alle angefangen, gibt Lukas auch schon wieder ab. In seinem Heft steht in Schönschrift: „Ich habe kein Haustier."

Deutschlehrerin Büchlein fragt: „Lukas, erkläre mir doch bitte den Begriff Heuchelei." – Lukas lächelt sie an. Dann sagt er: „Das jetzt eben."

Deutschlehrerin Büchlein ist mal wieder ganz verzweifelt: „Ja Ben, wie sehen denn deine Hände aus; die sind ja ganz schwarz und die Fingernägel…!" Ben betrachtet seine Hände eingehend, winkt dann aber ab: „Ach Frau Büchlein, das ist ja gar nix. Sie sollten erst mal meine Füße sehen!"

FRAU BÜCHLEIN FRAGT IM DEUTSCHUNTERRICHT: „WAS WEISST DU DENN ÜBER SCHILLERS WERKE?" PAUL, VÖLLIG AUS DEN GEDANKEN GERISSEN: „SIND DAS DIE HINTEN IM INDUSTRIEGEBIET OST?"

MATHELEHRER WIMMER IST GENERVT. ES HÖRT IHM MAL WIEDER KEIN MENSCH ZU. ER DONNERT: „WENN DIE HERRSCHAFTEN GANZ HINTEN ETWAS LEISER SEIN KÖNNTEN, WIE DIE, DIE AN IHREN HANDYS RUMSPIELEN, KÖNNTEN DIE MÄDCHEN HIER IN DER ERSTEN REIHE GANZ ENTSPANNT WEITERSCHLAFEN!"

LENA FEIERT IHREN GEBURTSTAG IN DER SCHULE UND ERZÄHLT VON IHREM NEUEN FAHRRAD. FRAU BÜCHLEIN FRAGT SIE INTERESSIERT: „UND, WIE LÄUFT ES?" DARAUF LENA BELEHREND: „ES LÄUFT NICHT, ES FÄHRT." DIE DEUTSCHLEHRERIN LÄCHELT: „DU HAST NATÜRLICH RECHT. NUN, WIE FÄHRT ES?" – „ES GEHT."

„Lena, buchstabiere doch mal bitte Tyrannosaurus." Lena beginnt: T-H-Y-R-A-N-N-O-S-A..." – „Und was kommt am Schluss?", drängt die Deutschlehrerin. Lena schaut sie irritiert an: „Der lange Schwanz?"

Bei Lehrer Wimmer herrscht absolutes Kaugummi-Verbot. Wütend heischt er Lena an, die munter kaut: „Raus mit dem Kaugummi und ab in den Müll!" „Sorry, Herr Wimmer, geht nicht. Der ist nur geliehen."

„Also Ben, deine Aufgabe war es, das Gedicht fünfmal abzuschreiben, um deine Rechtschreibung zu üben. In deinem Heft steht es aber nur dreimal." Ben schaut seine Lehrerin traurig an: „Was soll ich sagen. In Mathe bin ich auch schlecht."

„Das Wort Betrug lässt sich so erklären: Wenn jemand die Unwissenheit des anderen nutzt, um ihn zu schädigen, sprechen wir von Betrug." Worauf Tim sich empört aus der letzten Reihe meldet: „Dann sind Sie also ein Betrüger, wenn Sie mich wieder wegen meiner Unwissenheit in Mathe durchfallen lassen!"

IM WERKUNTERRICHT: „FÜR DIE NÄCHSTE STUNDE BRAUCHT IHR NÄGEL, EINEN HAMMER UND BRINGT AUCH NOCH, FALLS EUER VATER EINE HAT, EINE BEISSZANGE MIT." KLAUS MELDET SICH ÜBERRASCHT: „PAPA HAT SCHON EINE BEISSZANGE, ABER WAS SOLL MEINE MAMA IM WERKUNTERRICHT?"

Ben kommt verschlafen ins Klassenzimmer getrottet und lässt sich wortlos auf seinen Stuhl fallen. Herr Wimmer heischt ihn an: „Kannst du nicht grüßen?" – „Natürlich kann ich das. Wen denn?"

Im Biologieraum steht Lukas interessiert vor dem grossen Aquarium und bewundert einen besonders schönen Guppy: „Du bist ja 'ne Schönheit." Da tritt der humorige Biolehrer Herr Kellermann von hinten an ihn heran: „Lukas, du weisst aber schon, dass die Fische dir nicht antworten können?" Lukas dreht sich genervt um: „Könnten Sie ja auch nicht unter Wasser!"

Im Physikunterricht sollen die Schüler sich mit der Entstehung von Wärme beschäftigen: „Ihr reibt jetzt eure Hände mal ganz schnell aneinander! Was fällt euch auf?" Ben schreit begeistert auf: „Super! Bei mir gibt's Riesendreckwürstchen!"

Zum Jahresende sollen sich alle Schüler zu einem Gruppenbild zusammenstellen. Herr Wimmer wird dabei ein wenig sentimental. „Wenn ihr euch das Bild dann in fünfzehn Jahren anschaut, könnt ihr sagen: das ist Tim, der ist jetzt Anwalt und das ist Lena, die ist heute vielleicht Kinderärztin und das ist Lukas, der ist heute beim Fernsehen…" Da unterbricht ihn Paul: „Und das ist der Wimmer, der ist Lehrer geblieben."

Herr Tropisch will im Erdkundeunterricht wissen: „So, woran kannst du denn nun erkennen, dass die Erde rund ist?" – Eine entsetzte Stimme aus der letzten Reihe: „Wie – rund?"

Am Tag nach den blauen Briefen stapft Lena wütend auf Herrn Wimmer zu: „Wissen Sie, mir gefällt auch nicht alles, was Sie machen, und trotzdem renn' ich nicht gleich zu ihren Eltern und petze!"

„Also Tim, erkläre du bitte nochmal, warum die Erde rund ist." Tim darauf empört: „Das habe ich nie behauptet!"

Mathelehrer Herr Wimmer knallt den Stapel Schulaufgaben auf den Tisch: „Diese Arbeit ist dermassen schlecht ausgefallen; über 40 Prozent hatten eine Fünf!" – Maxi aus der vorletzten Reihe fängt an zu kichern: „Ha, Herr Wimmer, wir sind doch bloss 24 in der Klasse!"

„WIR KÖNNEN UNS ALLE SEHR, SEHR GLÜCKLICH SCHÄTZEN, DASS DIE KINDERARBEIT HIER BEI UNS VERBOTEN UND STRENG BESTRAFT WIRD." LUKAS SCHAUT SEINE DEUTSCHLEHRERIN VORWURFSVOLL AN: „UND WIE LEBEN SIE DAMIT, DASS SIE HIER BEI UNS JEDEN TAG DAS GESETZ BRECHEN!?"

HERR TROPISCH FRAGT DIE SCHÜLER: „SO LEUTE, UND WIE HEISST DAS GEWÄSSER, DAS ZWISCHEN AMERIKA UND ASIEN LIEGT?" RATLOSE STILLE HERRSCHT IM KLASSENZIMMER. HERR TROPISCH SEUFZT: „JA, GENAU RICHTIG. ES IST DER STILLE OZEAN."

Pfarrer Himmelreich möchte von Tim wissen, ob zu Hause vor dem Essen gebetet wird. Der schüttelt mit dem Kopf: „Nö, so schlecht kocht meine Mutter eigentlich nicht."

Vorne steht Frau Büchlein und hält einen endlosen Vortrag über Goethes Gedichte. Derweil schaut Ben aus dem Fenster und bohrt gedankenverloren in der Nase. Die Deutschlehrerin sieht es und ruft empört: „Ben, man bohrt nicht mit dem Zeigefinger in der Nase!" Ben schreckt hoch: „Mit welchem dann?"

<u>Während der ersten Stunde – Mathe bei Herrn Wimmer – hat es sich Lukas mit dem Kopf auf dem Pult gemütlich gemacht. Nach der Stunde fragt ihn der Wimmer: „Na, ausgeschlafen?" Lukas, ein wenig mürrisch: „Wenn Sie nicht immer so laut reden würden, vielleicht schon!"</u>

„Die Semmel ist ja steinhart, die esse ich nicht mehr", beschwert sich Lena lautstark in der Pause. Herr Staubig hört dies und ermahnt sie: „Aber Lena, für die Menschen im Mittelalter wäre so eine Semmel geradezu eine Delikatesse gewesen!" – „Das glaub ich schon, Herr Staubig, da war sie ja auch noch frisch!"

Die Deutschlehrerin Frau Büchlein kommt in die Klasse. Entsetzt bleibt sie im Türrahmen stehen und stöhnt: „Oh Gott, wer hat sich denn hier gestern nicht gewaschen?" Selbstbewusst meldet sich Ben. „Puh, geh nach Hause und wasch dich! Vorher brauchst du gar nicht mehr in die Schule kommen." Am nächsten Tag kommt Ben nach der Schule nach Hause. Seine Mutter fragt ihn: „Na, habt ihr was aus deiner Strafe gestern gelernt?" – „Klar, heute haben schon sechs Leute kräftig gestunken."

Der Mathelehrer Herr Wimmer ist mit dem falschen Fuss aufgestanden und steht jetzt sehr übellaunig vor der Klasse, die heute auch noch so gar nicht mitmachen will. Kurzentschlossen lässt er alle aufstehen und zischt: „So, alle, die meinen, nicht völlig verblödet zu sein, dürfen sich setzen. Der unfähige Rest bleibt stehen!" Nach einer Weile steht ausgerechnet die kleine Laura noch als einzige. Überrascht schaut Herr Wimmer sie an: „Aber Laura, du glaubst doch nicht, dass du dumm bist!" – „Nein... aber ich wollte sie auch nicht so ganz alleine dort stehen lassen."

Wo er recht hat, hat er recht

Der Mathelehrer Herr Wimmer fragt Lukas, der mal wieder in der letzten Reihe vor sich hin döst: „So, vielleicht kannst du mir zumindest sagen was 63:9 ist?" Lukas schaut verschlafen auf: „Klar, eine Matheaufgabe!"

Deutschlehrerin Büchlein ist heute wieder ganz betroffen: „Kinder, wenn man sich vorstellt, dass bei jedem Atemzug, den ich mache, ein Mensch stirbt..." Darauf Tim, gut hörbar: „Vielleicht wäre Mundwasser eine Lösung."

„Nun, wer seine Hausaufgaben gemacht hat, kann mir nun sagen, in welchem Jahr Napoleon gestorben ist. Also, Lukas?" – „Nun, Herr Staubig, ich würde sagen, in seinem letzten Jahr."

Im Physikunterricht: „Nun, welches Rad am Auto dreht sich denn bei einer Rechtskurve am wenigsten?" Da tönt es aus der letzten Reihe: „Das Reserverad!"

„Wer kann mir denn eine wichtige Errungenschaft nennen, die unser aller Leben bereichert, und die es vor 15 Jahren noch nicht gab?" Lukas hebt die Hand. „Lukas!" – „Ganz genau!"

MATHELEHRER WIMMER IST GENERVT: „LENA, WAS IST DENN NUN SCHON WIEDER?" – „MIR IST SO KALT." – „NUN, MORGEN KÖNNTEST DU DICH VIELLEICHT EIN BISSCHEN WÄRMER ANZIEHEN, ANSONSTEN DARFST DU AUCH IN DIE ECKE GEHEN, DIE HABEN IMMER KUSCHELIGE 90 GRAD."

Herr Kling ist begeistert, wie schön Lena singen kann: „So, und nun noch bitte das gestrichene C... sehr schön und nun ein E... prima und nun ein G... wo willst du denn hin?!"

Der junge Referendar versucht den Schülern möglichst anschaulich die Bruchrechnung zu erklären: „Stellt euch vor, wir schneiden zwei Äpfel in je vier Stücke, zwei Bananen in je vier Stücke und zwei Birnen in je vier Stücke. Was haben wir denn dann?" Ein recht hungriger Ben ruft begeistert: „Obstsalat!", und Tim fügt hinzu: „Das schmutzige Messer nicht zu vergessen!"

Frau Pinsel verteilt im Kunstunterricht Hammer und Meißel. Etwas ratlos steht Ben vor seinem Gipsblock, aus dem er eine Katze meißeln soll. Tim beugt sich zu ihm rüber und flüstert ihm zu: „Es ist eigentlich ganz einfach; du musst nur alles weghauen, was nicht nach Katze aussieht!"

Endlich steht Schwimmen auf dem Stundenplan. Nachdem Sportlehrer Butt die ganze Klasse eine Bahn hat schwimmen lassen, fragt er Lukas beeindruckt: „Wo hast du denn so gut schwimmen gelernt?" Lukas schaut ihn kopfschüttelnd an: „Im Wasser natürlich!"

MATHELEHRER WIMMER: „SO, WENN ICH ALSO NACH ENGLAND FAHRE UND 100 PFUND MITNEHMEN MÖCHTE, WAS MACHT DAS DENN DANN UMGERECHNET?" MAXI ANTWORTET: „NATÜRLICH 50 KILOGRAMM HERR WIMMER!"

Lustige Fakten aus dem Biologieunterricht:
„Wenn der Igel sich fortpflanzt..."
Da tönt es aus der letzten Reihe:
„...tut er das ganz, ganz vorsichtig!"

Herr Wimmer regt sich mal wieder furchtbar auf:
„Ich bin hier der einzige, der arbeitet!"
Da hört man deutlich aus der letzten Reihe:
„Sie sind ja auch der einzige, der hier bezahlt wird."

„Wortfamilien ergeben sich dadurch, dass Wörter einen ähnlichen Sinn haben. Also: ich bin Lehrerin, weil ich so viel lehre", doziert Frau Büchlein. „Wer kann mir denn noch andere Beispiele nennen?" Sofort fliegt Tims Hand in die Höhe: „Mein Vater schuftet ganz viel, also ist er ein Schuft!"

Pfarrer Himmelreich spricht heute über die Ehe. „Es steht sogar im Gesetz, dass jeder nur einen Partner heiraten darf. Wie nennt sich das denn?" Lena versucht es: „Hieß das nicht Monotonie?"

„LUKAS, WIE OFT KANN MAN VON 368 DIE 48 ABZIEHEN UND WIE VIEL BLEIBT DANN ÜBRIG?" – „DAS KANN MAN SO OFT MACHEN WIE MAN WILL; ES BLEIBT IMMER 320 ÜBRIG."

Religionslehrer Himmelreich ist heute so richtig in Fahrt. In den schillerndsten Farben schildert er den Kindern den Weltuntergang. „Und es kommt ein schrecklicher Wind auf, der alles hinweg fegt, und ein alles ertränkender Regen fällt vom Himmel und die Flüsse treten über die Ufer und reißen alles mit sich ..." Da unterbricht ihn Lukas: „Ist bei so einem Sauwetter dann zumindest schulfrei?"

Lustige Fakten aus dem Biologieunterricht:
„So, und wer weiß, warum die Störche im Winter nach Süden fliegen?" – „Wahrscheinlich möchten auch die Menschen in Afrika Babys haben?"

SCHLÄFRIGE STILLE IN DER MATHESTUNDE: PLÖTZLICH BRÜLLT HERR WIMMER LOS: „WAS GLAUBST DU EIGENTLICH, WAS DU DA MACHST, LUKAS?" DIESER SCHAUT DEN MATHELEHRER GANZ VERDATTERT AN: „ICH MACH DOCH GAR NICHTS!" – „GANZ GENAU!"

Erdkundelehrer Tropisch redet und redet vorne an der Tafel. Sein Thema heute ist das Wetter. Da beugt sich Tim zu Ben hinüber: „Der Tropisch ist doch selbst wie eine Wolke; würde der sich endlich verziehen, könnte es noch ein richtig schöner Tag werden."

„Welches Buch ist denn dein Lieblingsbuch, Ben." – „Auf jeden Fall Robinson Crusoe." – „Warum denn das?" – „Der hat sich auch immer über Freitag gefreut."

Deutschlehrerin Büchlein fordert Ben auf, das Sprichwort: Ehrlich währt am längsten zu erklären. Ben denkt kurz nach, dann: „Nun, wenn ich die Deutschhausaufgaben bei Tim abschreibe, bin ich ganz schnell fertig, wenn ich sie aber selber mache, währt das ganz schön lange!"

HERR WIMMER HAT ENDGÜLTIG DIE NASE VOLL UND LÄSST DIE GESAMTE KLASSE IN DER SECHSTEN STUNDE EINEN STRAFAUFSATZ ÜBER FAULHEIT SCHREIBEN. AM ENDE DER STUNDE KOMMT LUKAS NACH VORNE UND GIBT EIN LEERES BLATT AB, AUF DEM GANZ UNTEN STEHT: „UND DAS IST FAULHEIT."

„Was muss der Mensch tun, damit er in den Himmel kommt?", fragt Pfarrer Himmelreich im Reliunterricht. Lukas' Hand schießt nach oben: „Erst mal sterben, Herr Pfarrer."

Heute lässt Frau Büchlein einen Aufsatz über das Wasser schreiben. In dem Aufsatz von Maxi ist zu lesen: Wasser ist sehr wichtig, da wir ohne Wasser nicht schwimmen lernen können und dann würden bestimmt noch viel mehr Menschen ertrinken.

Frau Büchlein korrigiert Lukas' Deutschaufsatz: „Bitte, mein lieber Junge, das Wort Weib ist nicht sehr nett. Schreib doch lieber Dame." Lukas ist nicht sonderlich überzeugt. „Aber es heißt ja auch das weibliche Geschlecht, oder sollte ich da auch lieber das dämliche sagen?

Lustige Fakten aus dem Biologieunterricht: „Welches Tier fürchtet selbst der Löwe?" Da kommt es aus der letzten Reihe: „Die Löwin!"

„Ben, hör auf zu träumen und sag mir lieber was es neben Millimeter, Zentimeter und Kilometer noch gibt", schimpft Herr Wimmer. Ben, leicht verwirrt: „Es gibt noch den Elfmeter."

Mathelehrer Wimmer motzt: „Kann eigentlich noch irgendwer das Einmaleins von euch? Lukas, was ist sieben mal sieben?" Lukas schaut Herrn Wimmer ungläubig an: „Na immer noch feiner Sand, Herr Wimmer."

Grammatikunterricht bei Frau Büchlein: „Ben macht gerne seine Hausaufgaben; welcher Fall ist das?" Ben muss kichern: „Ein sehr seltener!"

Lustige Fakten aus dem Biologieunterricht: „... und wenn man bedenkt, dass Fledermäuse fast blind sind! Kannst du zum Beispiel blind schreiben, Maxi?" Der schreckt hoch, überlegt kurz und lächelt dann selbstzufrieden: „b-l-i-n-d"

Frau Büchlein steht vor Ben und schimpft: „So geht das nun wirklich nicht. Deine Handschrift ist so schlecht geworden, dass ich nur noch raten kann, was in deinen Heften steht." Ben verzieht das Gesicht. „Na toll, Ihnen kann man es auch nicht recht machen. Wenn ich deutlich schreibe, motzen Sie wegen der vielen Fehler, und wenn Sie die Fehler nicht mehr sehen, ist Ihnen das auch nicht recht."

Im Physikunterricht wird Maxi gefragt, welche Funktion die Propeller beim Flugzeug haben. Ohne zu überlegen, antwortet er: „Damit denen im Cockpit nicht so heiss wird." Der Lehrer ist entsetzt über so einen Unsinn, doch Maxi bleibt dabei: „Was glauben Sie, wie die ins Schwitzen kommen, wenn plötzlich die Propeller sich nicht mehr drehen!"

Pfarrer Himmelreich erklärt seinen Schülern, dass Bigamie eine Sünde ist: „Tim, wie wird Bigamie denn heute bestraft?" Dieser überlegt kurz und vermutet dann: „Durch die zwei Schwiegermütter?"

Zu Hause berichtet Lena begeistert von ihrer Koch AG: „Stell dir vor Mama, heute durften wir schon ganz alleine Haferbrei kochen und damit es besser riecht, hab ich noch ein bisschen Spülmittel hineingetan." Entsetzt fragt die Mutter zurück: „Und was hat die Lehrerin dazu gesagt?" – „Oh, die hat geschäumt!"

Erdkundelehrer Tropisch will von Ben wissen. „Wo liegt denn Dortmund?" – „Auf jeden Fall hinter Bayern München!", weiß der begeisterte Fußballfan.

HERR WIMMER IST MAL WIEDER RICHTIG IN FAHRT: „IHR SCHREIBT ZU LANGSAM, IHR RECHNET ZU LANGSAM, IHR SCHLAGT SOGAR EUER BUCH ZU LANGSAM AUF! KÖNNT IHR ÜBERHAUPT IRGENDETWAS SCHNELL?" DA MELDET SICH PAUL. „KLAR, WIR WERDEN IN DER SCHULE IMMER UNGEHEUER SCHNELL MÜDE!"

FRAU BÜCHLEIN FRAGT ZWEI MÄDCHEN AUS DER ERSTEN KLASSE, BESORGT UM DEREN GESUNDHEIT: „SAGT MAL IHR BEIDEN, WARUM MÜSST IHR EUCH DENN JEDE PAUSE EIN EIS KAUFEN?" TRAURIG ANTWORTET DIE EINE: „WEIL ES UNS KEINER SCHENKT."

In der Doppelstunde Kunst sollen die Schüler eine herbstliche Landschaft malen. Am Ende der Stunde gibt Lukas ein weißes Blatt ab. Empört schreit ihn Frau Pinsel an: „Lukas, was soll das denn sein? Das gibt eine Sechs und ein Gespräch beim Rektor!" Lukas starrt sie empört an: „Sie haben wohl noch nie einen verfrühten Wintereinbruch im November erlebt!"

„WIE WÜRDEN WIR WOHL HEUTE GOETHE EHREN, WENN ER NOCH LEBEN WÜRDE?" – „ER WÜRD INS GUINNESSBUCH DER REKORDE KOMMEN, ALS ÄLTESTER MENSCH DER WELT."

Endlich ist die schwierige Textaufgabe fast gelöst. Erschöpft fragt Herr Wimmer in die Runde: „So, und was ist nun 2:2?" Ausnahmsweise meldet sich Fußballfan Paul aus der letzten Reihe: „Na, mal wieder unentschieden!"

Tim wird im Geschichtsunterricht abgefragt: „So, und wo wurde der Friedensvertrag von 1815 genau unterschrieben?" Tim, wie aus der Pistole geschossen: „Unten rechts!"

Deutschlehrerin Büchlein liest mit ihren Schülern „Das doppelte Lottchen". Lena zeigt auf: „Meine Mutter ist auch ein Zwilling." Frau Büchlein lächelt: „Und, kannst du die beiden auch nicht auseinander halten?" – „Ach, das geht ganz gut, denn Onkel Frank hat ja einen Vollbart."

Der Biologielehrer Kellermann überrascht die Schüler gerne mit außergewöhnlichen Fakten: „Wusstet ihr, dass der Maulwurf täglich sein eigenes Gewicht in Insekten verspeist?" Paula schaut ihn ganz erstaunt an: „Aber Herr Kellermann, woher weiß denn ein Maulwurf, wie viel er wiegt?"

Im Biologieunterricht erklärt Herr Kellermann genervt: „Es gibt doch keine Vögel mit nur einem Bein!" Darauf ganz versonnen Tim mit knurrendem Magen: „Doch. Ein halbes Hähnchen!"

Herr Tropisch fragt im Erdkundeunterricht: „Woran erkennst du, dass die Erde rund ist?" – Lukas deutet gelangweilt auf ein Regal: „Natürlich da am Globus!"

Deutsch bei Frau Büchlein; Sprachbetrachtung steht auf dem Programm: „Man sagt gross – grösser – am grössten, aber Wörter wie einzig oder leer lassen sich nicht steigern..." Lukas unterbricht sie empört: „... leer – Lehrer..."

Die Schüler sollen erklären, was ein Trauerfall ist. Als erstes versucht es Maxi: „Also, ich war total traurig, als ich den WM Fußball verloren habe." Doch Frau Büchlein ist nicht überzeugt. „Das ist kein Trauerfall, das ist ein Verlust." – „Für meinen Vater war es ein Trauerfall, als sein neues Auto eine Beule bekommen hat." Doch auch hier widerspricht die Deutschlehrerin: „Das wäre dann ein Schaden. Wenn der Direktor stirbt, ist es ein Trauerfall." Da ertönt eine Stimme aus der letzten Reihe: „Es mag ja ein Trauerfall sein, aber kein Schaden und kein Verlust."

Tim döst im Religionsunterricht vor sich hin. Der Pfarrer Himmelreich baut sich vor ihm auf: „So Tim, und gegen welche der Zehn Gebote hat Adam verstossen, als er aus dem Paradies verbannt wurde?" Gähnend antwortet dieser: „Gegen gar keins, die wurden doch erst viel später erfunden."

Der Erdkundelehrer Herr Tropisch bittet Paula nach vorne an die Tafel: „Fasse doch bitte zusammen, was du bisher über das Tote Meer gelernt hast." Paula sieht ihn entsetzt an und ruft: „Oh nein! Ich wusste nicht mal, dass es krank war!"

Der ältere Geschichtslehrer fragt die Schüler mit funkelnden Augen: „Ja, und wofür bewundern wir die alten Römer heute noch?" Nachdem sich länger keiner gemeldet hat, vermutet Lukas: „Weil sie alle Latein konnten?"

Während der Chorprobe kommt der Direktor in den Musikraum, hört eine Weile zu und zischt dann Musiklehrer Kling zu: „Ich dachte, Sie leiten hier einen gemischten Chor, aber ich sehe hier ausschließlich Jungs!" Bevor Kling etwas sagen kann, meldet sich Lukas mal wieder zu Wort: „Herr Direktor, natürlich ist das hier ein gemischter Chor. Die Hälfte da vorne kann singen; und die Hälfte hier überhaupt nicht."

Frau Büchlein versucht während der Deutschstunde der Klasse die Bedeutung von Vorsilben näher zu bringen: „...und die Vorsilbe –un bedeutet meist, dass etwas schlecht ist wie Unfriede oder Ungeheuer. Kann mir noch jemand ein Beispiel nennen?" Lukas hebt die Hand: „Ja, Frau Büchlein: Unterricht."

DER CHEMIELEHRER ERKLÄRT: „NICHTS IST FLÜSSIGER ALS WASSER." DARAUFHIN BEUGT SICH TIM ZU LUKAS HERÜBER UND FLÜSTERT: „BIS AUF UNSERE HAUSAUFGABEN, DIE SIND ÜBERFLÜSSIG."

Der Musiklehrer Herr Kling ist wieder begeistert bei der Sache. Aufgeregt will er von Lukas wissen: „Sag Lukas, was meinst du, ist das wichtigste Streichinstrument?" Lukas überlegt kurz und meint dann: „Eindeutig der Pinsel, Herr Kling!"

„In was ist denn so alles Milch drin?"
Lukas sofort: „Na, auf jeden Fall in Kühen!"

PFARRER HIMMELREICH IST HEUTE SEHR PHILOSOPHISCH: „LUKAS, WAS IST DENN DAS NICHTS FÜR DICH?" – „NA ALLES, WAS ICH HIER LERNE."

Im Deutschunterricht wird Maxi gefragt: „Erkläre uns doch bitte den Unterschied zwischen ausreichend und genug." Maxi kratzt sich nachdenklich am Kinn. „Nun, wenn meine Mutter mir Eis kauft, ist das gerade mal ausreichend. Wenn ich selbst an den Kühlschrank gehe, gibt es genug."

DER MATHELEHRER HERR WIMMER WILL DIE HAUSAUFGABEN KONTROLLIEREN: „TIM, WAS HATTEN WIR DENN GESTERN AUF?" TIM ÜBERLEGT, DANN ANTWORTET ER LANGSAM: „HMM, SIE GAR NICHTS UND ICH EINE ROTE BASFBALLCAP."

Ohne Worte

Englischlehrer Greene will gerade mit dem Unterricht anfangen, als Paul ins Klassenzimmer gestürzt kommt. „Herr Greene, da draußen liegt ein Junge auf dem Boden, der braucht Hilfe!" Mister Greene schüttelt missbilligend den Kopf: „In English, please."

Am Montagmorgen prangt ein Schild über dem Lehrerzimmer: Achtung Altglascontainer – lauter lehre Flaschen!

Pfarrer Himmelreich erklärt in seiner Religionsstunde, dass früher auch die fünf Sinne gesalbt wurden. „Wer hat denn eine Idee, warum das so war? Versuch du es mal, Klaus." Klaus überlegt: „Die Augen, weil man damit ja vielleicht was Schlechtes gesehen hat und die Ohren, weil man damit ja was Schlechtes gehört hat und die Hände, weil man damit was Schlechtes getan hat und die Nase, weil man damit was Schlechtes gerochen hat."

„Sag, Maxi, stell mir doch mal die Uhr vor." – „Klar, mach ich, Tante Auguste: Darf ich vorstellen: Uhr – Tante Auguste; Tante Auguste – Uhr."

Herr Wimmer ist misstrauisch: „Weißt du, Lukas, kaum sage ich, dass wir eine Probe schreiben und ganz plötzlich musst du fehlen, weil dein Hund krank wird!" Lukas nickt: „Ja, Herr Wimmer, ich hatte auch schon den Verdacht, dass er mir da etwas vormacht."

„Lukas, manchmal muss man auch mal auf seine innere Stimme hören." – „O.K.", sagt dieser und fängt an, seine Brotzeit auszupacken. Frau Büchlein will gerade losschimpfen, als Tim ihr zuvorkommt. „Sie haben doch gerade gesagt, dass man auf seine innere Stimme hören soll, und die von Lukas hat ihn gerade ganz deutlich angeknurrt."

AM ENDE DER SOMMERFERIEN TRIFFT MAXI SEINE DEUTSCHLEHRERIN ZUFÄLLIG AUF DER STRASSE. „WAS HAST DU DENN IN DEN FERIEN GEMACHT, MAXI?" DER REAGIERT GEISTESGEGENWÄRTIG: „NIX BESONDERES – FÜR EINEN AUFSATZ REICHT ES AUF JEDEN FALL NICHT!"

Während der Erdkundestunde will Herr Tropisch von Maxi wissen, warum die Erdachse schief ist. Der verteidigt sich: „Ich schwör, die war schon schief, bevor mir der Globus die Treppe runtergefallen ist."

MUSIKLEHRER KLING IST EIN BEGEISTERTER WEINTRINKER. ER SCHWÄRMT: „AN DEN HÄNGEN DES VESUV WACHSEN DIE BESTEN TRAUBEN ..." DA HÖRT MAN EINE STIMME AUS DER LETZTEN REIHE: „FÜR GLÜHWEIN?"

Lustige Fakten aus dem Biologieunterricht: „Neue Haustierrassen sind entstanden, indem der Mensch verschiedene Tiere miteinander gekreuzt hat…", erklärt Herr Kellermann vorne an der Tafel. Leise in der letzten Reihe: „Genau, und aus der Kreuzung von Briefschlitz und Hausschwein wurde dann das Sparschwein!"

„Herr Tropisch, können Sie mir sagen, wo nochmal die Sonne aufgeht?" – „Also wirklich! Im Osten, aber das weiß doch nun wirklich jeder Depp!" – „Was glauben Sie, warum ich Sie frage?"

Frau Büchlein tröstet Lena, die eine schlechte Note in der Deutscharbeit hat. „Aber, aber! Beim nächsten Mal lernst du fleißig und dann klappt das. Wenn man will, kann man alles schaffen!" Paul meldet sich verwundert. „Haben Sie schon mal versucht, ein rohes Ei an die Wand zu nageln?"

BIOLOGIELEHRER KELLERMANN FRAGT SEINE KLASSE: „HAT DENN JEMAND EINE IDEE, WARUM WÜSTENHUNDE SO SCHNELL SIND?" NACHDEM MAL WIEDER KEINER EINE IDEE HAT, MELDET SICH MAXI GANZ TAPFER: „NA IST DOCH KLAR! IN DER WÜSTE GIBT ES SO WENIG BÄUME, DA MÜSSEN DIE GANZ SCHÖN SCHNELL SEIN, WENN DIE MAL DRINGEND PIPI MÜSSEN!"

Herr Tropisch fragt die neue Schülerin: „Weißt du, wie der hellste Stern am Himmel heißt, den wir nachts sehen?" Diese schüttelt mit dem Kopf. Als Herr Tropisch sich wundert, springt Maxi dem Mädchen zur Seite. „Wie soll sie denn unsere Sterne kennen? Sie ist doch gerade erst hergezogen!"

Lustige Fakten aus dem Biologieunterricht. Wieder einmal will Herr Kellermann seinen Unterricht durch ein fröhliches Tierquiz auflockern. „Viele Tiere haben ja besser entwickelte Sinne, als wir Menschen. Wer hört zum Beispiel besser?" – „Die Katze." – „Richtig; und wer riecht besser?" – „Das Veilchen."

VOR DEM LEHRERZIMMER SIND EINIGE HAKEN ANGEBRACHT. EIN GROSSES SCHILD PRANGT DARÜBER: NUR FÜR LEHRER. EINIGE TAGE SPÄTER IST DARUNTER ZU LESEN: MÄNTEL DÜRFEN AUCH AUFGEHÄNGT WERDEN!

Aufsatzthema heute: Besuch bei den lieben Verwandten. Beim Korrigieren fällt der Aufsatz von Ben besonders auf: Wir fuhren hin, klingelten, keiner da, wir fuhren wieder nach Hause.

Lustige Fakten aus dem Biologieunterricht: „Wer kann mir denn etwas über Esel erzählen?" Da tönt es wieder aus der letzten Reihe: „Das sind Pferde, die zu oft die Schule geschwänzt haben!"

Pfarrer Himmelreich sieht, wie sich zwei Jungen auf dem Schulhof hauen. Schnell läuft er hin und trennt die zwei Streithähne. „Ja, wisst ihr denn nicht, dass in der Bibel steht, dass man auch die zweite Wange hinhalten soll..." Hier unterbricht ihn einer der Jungen: „Genau so haben wir es doch gemacht! Einmal hat Paul seine Wange hingehalten, einmal ich!"

"WOMIT KANN MAN ALLE FEUER LÖSCHEN?", WERDEN DIE GRUNDSCHÜLER IN IHREM HEIMAT- UND SACHKUNDEUNTERRICHT GEFRAGT. BRAV WERDEN DIE VERSCHIEDENEN LÖSCHMITTEL AUFGEZÄHLT. NUR FLORIAN WILL NICHTS EINFALLEN. "NUN ÜBERLEG DOCH MAL, FLORIAN", ERMUNTERT IHN DER LEHRER. SCHÜCHTERN STOTTERT DIESER: "VIELLEICHT MIT LÖSCHPAPIER?"

NEUES AUS DEM BIOLOGIEUNTERRICHT. "KINDER, WARUM HABEN NACKTSCHNECKEN KEINE HÄUSER?" MAXI RUFT FRÖHLICH: "NA, WEIL SIE KEINEN BAUSPARVERTRAG HABEN!"

Frau Büchlein gibt die Deutscharbeiten zurück. "Tja, Maxi, das ist schon wieder eine Fünf geworden. Hast du denn keinen Bruder, mit dem du lernen kannst. Das würde dir sicher helfen." Hoffnungsvoll sieht Maxi sie an: "Jetzt noch nicht, aber in vier Monaten ist einer da!"

Lena gibt einen überraschend guten Aufsatz ab. "Nun, Lena, aber die Handschrift passt eher zu deinem Vater als zu dir." – "Natürlich Frau Büchlein, ich hab ja auch schließlich mit seinem Kuli geschrieben!"

Lustige Fakten aus dem Biologieunterricht:
„Was müsst ihr machen, wenn ihr eine Schlange seht?" – „Uns brav hinten anstellen?"

„Könntet ihr euch noch vorstellen, ohne Elektrizität zu leben?", werden die Schüler im Physikunterricht gefragt. „Klar", meint Ben, „mein Handy läuft ja mit Akku und ich kann auch bei Kerzenlicht Fernsehen gucken."

Englischlehrer Greene möchte wissen, wo die Schüler ihre Ferien verbracht haben. Als Maxi stolz erzählt, dass er in England gewesen ist, fragt er: „Und, konntest du dein Englisch gut anwenden?" – „Aber ja, ich hab die ganze Zeit Englisch geredet, nur die Einheimischen hatten damit Probleme."

Lustige Fakten aus dem Biologieunterricht: „Herr Kellermann, ich kann männliche und weibliche Fliegen unterscheiden!" – „Aber Maxi, das ist doch Quatsch!" – „Ach ja, und warum setzen sich die einen dann immer aufs Bierglas und die anderen auf die Schokolade?"

Voller Begeisterung steht Frau Büchlein vor der Klasse: „Der Schimmelreiter ist eines der großen Werke der deutschen Literatur ... ja bitte, Paul, was wolltest du sagen?" – „Ach, ich hab mich nur gefragt, wenn der Schimmel sich in Papa Schlumpf verliebt hätte, ob es dann der Blauschimmel-Reiter wäre ...?"

Maxi steht schwitzend an der Tafel. Ausfrage im Erdkundeunterricht. „Also, dann erkläre uns doch bitte, wie Tau entsteht." Maxi stottert verlegen herum: „Die Erde dreht sich so schnell, dass sie ins Schwitzen gerät?"

„Lukas, was haben wir letzte Stunde gemacht?" – „Wer? Sie oder ich?"

Herr Wimmer hat eine Ankündigung zu machen: „Also Leute, ab heute rechnen wir mit Taschenrechnern!" Die ganze Klasse bricht in Jubel aus. „Also gut, Lukas, dann fang mal an: Was sind 1836 Taschenrechner geteilt durch 74 Schüler?"

Maxi schaut während des Chemieunterrichts aus dem Fenster und träumt vom letzten Fußballspiel. Plötzlich bellt Chemielehrer Brom los: „Maxi, gibt es nun für uns unsichtbare Metalle?" Verwirrt rät Maxi: „Der Maschendrahtzaun? Den sieht man, wenn man rennt, ganz, ganz schlecht."

Fragen aus dem Tierreich: „Wozu gehören denn die Delfine, Ben?" – „Zu den Säugetieren." – „Ganz genau. Und was ist mit den Heringen?" Da tönt es aus der letzten Bank: „Natürlich zu den Pellkartoffeln."

Herr Kling fragt seine Schüler: „Welches ist wohl das älteste Instrument der Welt?" Paul vermutet: „Die Ziehharmonika? Ich mein, bei den vielen Falten!"

Maxi rennt hinter Herrn Wimmer her. Als er ihn eingeholt hat, hält er ihm einen 20-Euro-Schein entgegen: „Den haben Sie gerade verloren", drückt ihn dem Lehrer in die Hand und will schon wieder wegrennen. Da hält ihn der Mathelehrer zurück: „Jetzt warte doch mal; da stehen dir doch 10% Finderlohn zu." Maxi errötet und meint bescheiden: „Aber nicht doch, Herr Wimmer, das ist viel zu viel, zwei Euro wären in Ordnung."

Neues aus dem Biologieunterricht: „Wer weiß denn, warum Hühner Eier legen?", fragt Herr Kellermann schmunzelnd. „Ist doch klar", ruft Maxi. „Das gäbe ja 'ne Riesensauerei, wenn sie die schmeißen würden."

Frau Gehnau sieht, wie Bernd die Rinde von seinem Pausenbrot wegschmeissen will; das Innere hat er feinsäuberlich herausgegessen. „Aber Bernd, die Rinde ist doch das Beste am Brot." Bernd lächelt seine Lehrerin freundlich an: „Dann dürfen Sie sie gerne haben!"

Biolehrer Kellermann bringt sich vor seiner Klasse in Pose: „Wer kann mir denn sagen, welche Muskelgruppen beansprucht werden, wenn ich hier vor euch jetzt Liegestütze machen würde?" Tim ruft begeistert: „Hauptsächlich unsere Lachmuskeln, Herr Kellermann!"

Herr Wimmer platzt der Kragen. Während der ganzen Stunde ruft Paul etwas in den Unterricht und macht nicht, was ihm gesagt wird! Genervt faucht der Mathelehrer: „Bist du hier der Lehrer oder ich?" – „Natürlich Sie!" – „Gut, dann benimm dich gefälligst auch nicht wie der letzte Idiot!"

„Wir sollten uns als gute Christenmenschen bemühen, jeden Tag jemanden glücklich zu machen", sagt Pfarrer Himmelreich zu seinen Schülern. „Wer von euch hat denn in letzter Zeit jemanden glücklich gemacht?" Ausnahmsweise meldet sich Paul zu Wort. „Ich war gestern ganz mies drauf, wegen meiner blöden Mathearbeit, aber dann hab ich meiner Schwester einen toten Fisch in den Schuh gelegt – Mann, kann die schreien – und da war ich dann wieder ganz glücklich."

„Also wirklich Ben, du kannst den Aufsatz nicht mit einem roten Stift schreiben." – „Aber ich wollte Ihnen doch nur ein wenig Arbeit abnehmen!"

LUSTIGE FAKTEN AUS DEM BIOLOGIEUNTERRICHT: „WO KANN MAN DENN ELEFANTEN FINDEN?" LUKAS, GANZ ENTRÜSTET: „WER IST DENN DOOF GENUG, DIE ZU VERLIEREN, SO GROSS WIE DIE SIND?"

„Was genau versteht man eigentlich unter einer Bahnunterführung, Lukas?" – „Kein Wort, wenn gerade ein Zug drüber fährt."

„Wer kann mir denn mal sagen, wie das Land heißt, das Jahrhunderte von Kalifen regiert wurde?" Da tönt es aus der letzten Reihe: „Kalifornien!"

Pfarrer Himmelreich berichtet heute seinen Schülern über die verschiedenen Schutzheiligen: „Und auch die Glöckner hatten einen Schutzheiligen..." Da hört man aus der letzten Reihe: „Ach du heiliger Bimbam."

LUSTIGE FAKTEN AUS DEM BIOLOGIEUNTERRICHT: „KANN MIR DENN JEMAND ERKLÄREN, WARUM AUCH IN MILCH FETT ENTHALTEN IST?" ALLGEMEINES SCHWEIGEN, DANN VERMUTET MAXI: „VIELLEICHT WÜRDE DAS EUTER DER KUH SONST BEIM MELKEN QUIETSCHEN?"

FRAU BÜCHLEIN ERKLÄRT: „WIE EUCH BEKANNT SEIN DÜRFTE, FANGEN IM DEUTSCHEN ALLE FRAGEWÖRTER MIT ‚W' AN." LENA, GANZ ÜBERRASCHT: „SO?"

„Herr Wimmer, kann man eigentlich für etwas bestraft werden, was man gar nicht gemacht hat?" – „Natürlich nicht, was soll die dumme Frage?" – „Puh, da hab ich ja Glück gehabt, ich habe nämlich keine Hausaufgaben gemacht!"

Der neue Referendar ist wütend. "Wer von euch hat denn gestern Creme auf mein Auto geschmiert?" Paul meldet sich: "'Tschuldigung, aber hier in der letzten Reihe kann man Sie leider ganz schlecht verstehen." – "Ja, so ein Blödsinn. Los, wir tauschen die Plätze, dann werden wir ja sehen, ob du mich verstehen kannst." Als Paul vorne am Pult steht, funkelt er den jungen Referendar wütend an: "Und wer hat gestern heimlich mit meiner älteren Schwester rumgeknutscht?" – "Äh, du hast völlig recht, hier hinten versteht man wirklich nichts."

Zu seinem Geburtstag hat Maxi Kuchen mit in die Schule gebracht. Während alle genüsslich essen, fragt er interessiert Herrn Tropisch: "Warum heißen Donauwellen eigentlich Donauwellen?" Genervt antwortet der Lehrer, der gerade auf Diät ist: "Sie schmecken wie Donauwellen, sie sehen aus wie Donauwellen, sie riechen wie Donauwellen, dann können sie auch Donauwellen heißen, oder nicht?"

Lustige Fakten aus dem Biologieunterricht:
"Und was kommt dabei raus, wenn sich Igel und Nacktschnecke verlieben?" –
"Eine glitschige Rolle Stacheldraht."

<u>Biolehrer Kellermann hat mal wieder Maxi auf dem Kieker:</u> „Welcher einheimische Vogel baut denn kein Nest?" – „Der Kuckuck." – „Und warum nicht?" – „Vielleicht, weil er lieber in einer Uhr wohnt?"

Vor der Schule prangt ein neues Schild: „Autofahrer bitte auf Schulkinder achten!" Am nächsten Tag sieht man darunter geschrieben: „Warten Sie bitte, bis ein Lehrer kommt."

„Und wer weiß, was man machen muss, wenn ein Gewitter kommt?" Maxi überlegt kurz und erklärt: „Man muss sich auf den Boden legen." Der Lehrer ist überrascht über die richtige Antwort und fragt weiter: „Richtig, und warum?" – „Na, damit der Blitz glaubt, man ist schon tot."

PAUL ERÖFFNET SEINEM VATER BEIM ABENDESSEN: „MORGEN IST ELTERNABEND BEI HERRN WIMMER." DER VATER IST GANZ ÜBERRASCHT, DAVON HATTE ER NOCH GAR NICHTS MITBEKOMMEN. „DAS IST KEIN WUNDER, DER FINDET AUCH IM GANZ KLEINEN KREIS STATT." – „WIE, KLEINER KREIS?" – „NA, HALT DU UND DER LEHRER."

„Frau Büchlein, mein Lieblingswort fängt mit ‚A' an und hört mit ‚-och' auf!" – „Ja, schäm' dich, Maxi, so etwas will ich nicht nochmal von dir hören!" Maxi schaut sie ganz verdattert an: „Aber was haben Sie denn gegen Aschermittwoch? Ich mag Fasching halt nicht."

Der englische Austauschschüler ist verwirrt: „Wos is die Unterschied zwischen schlagen und boxen?" – „Da ist keiner." – „Warum lachst du dann, wenn ik sage, die Uhr boxt zwölf?"

Lustige Fakten aus dem Biologieunterricht: „Wisst ihr denn auch, welche Pilze man essen kann?" Tim antwortet prompt: „Essen kann man sie alle, Herr Kellermann, die Frage ist doch eher wie oft!"

Im Religionsunterricht: „Du weißt doch, Gott weiß alles!" Darauf aus der berüchtigten letzten Reihe: „Ja, und Pauker wissen alles besser!"

Der Geschichtslehrer Herr Staubig will von Maxi wissen, wie viele Weltwunder es gab. Dieser antwortet stolz: „Sieben." – „Dann zähl sie doch bitte auf." – „1-2-3-..."

Herr Staubig will für seine Geschichtsklasse Fotos ausdrucken lassen. Im Fotogeschäft fragt ihn der Verkäufer: „Neun mal dreizehn?" – „Was fragen Sie mich das? Ich bin Geschichts- und kein Mathelehrer!"

Lustige Fakten aus dem Biologieunterricht: „Wer kann denn genauer bestimmen, was ein Goldfisch ist?" – „Ein Hering, der im Lotto gewonnen hat?"

Ausfragen im Chemieunterricht. „So, Maxi, dann erklär uns doch heute mal, was unter Oxidation zu verstehen ist." Maxi schüttelt den Kopf: „Sie sind aber vergesslich; ich hab Ihnen doch schon letzte Woche gesagt, dass ich das nicht weiß."

HERR KLING STELLT SICH VOR SEINE MUSIKKLASSE: „ALSO, UNSER WERTER HERR DIREKTOR HAT ENTSCHIEDEN, DASS PROBEN NICHT MEHR ANGEKÜNDIGT WERDEN DÜRFEN. DEMENTSPRECHEND KANN ICH EUCH DEN TERMIN FÜR DIE PROBE ÜBERMORGEN LEIDER NICHT MEHR MITTEILEN."

„Guten Morgen, Herr Staubig. Ich kann die Geschichtsarbeit heute nicht mitschreiben; ich war doch so lange krank." Herr Staubig blickt irritiert von seinen Unterlagen hoch: „Ach so; und seit wann warst du nicht mehr in der Schule, Maxi?" Dieser überlegt kurz: „So circa seit der Währungsunion nicht mehr!"

TIM KOMMT OHNE MATHEHAUSAUFGABEN IN DIE SCHULE, DOCH BEVOR HERR WIMMER LOSSCHIMPFEN KANN, ERKLÄRT ER REUMÜTIG: „JA, HERR WIMMER, SCHIMPFEN SIE NUR. ICH WAR SO DUMM; ICH HAB ZUM SCHLUSS DER AUFGABEN DURCH NULL GETEILT UND DA IST DAS GANZE HEFT IN FLAMMEN AUFGEGANGEN."

Was kein Lehrer weiß

Auf dem Nachhauseweg fragt Tim seinen älteren Bruder: „Was nehmt ihr eigentlich gerade in Deutsch durch?" – „Wir lesen Das Kapital von Karl May." Tim verdreht die Augen: „Du meinst wohl von Karl Marx." „Ah! Das erklärt einiges. Wir sind nämlich schon auf Seite 50 und noch immer keine Spur von einem Indianer."

Aufgeregt kommt Paul nach Hause und erzählt seiner Mutter: „Total cool! Wir durften heute in Chemie selber Sprengstoff herstellen!" – „Das ist ja schön, Paul. Soll ich dich übrigens morgen früh in die Schule bringen?" – „Welche Schule...?"

MAXIS VATER SCHIMPFT: „ICH HAB SCHON WIEDER GEHÖRT, DASS DU IM UNTERRICHT STÄNDIG REDEST." MAXI ANTWORTET WÜTEND: „DAS HAT DIR DOCH BESTIMMT WIEDER MEINE BLÖDE SCHWESTER ERZÄHLT. MÄDCHEN KÖNNEN EINFACH NIE DEN MUND HALTEN!"

Oma ist übers Wochenende zu Besuch. Neugierig fragt sie ihren Enkel, wie es ihm in der Schule so ergeht. „Ach Oma, unsere Lehrerin Frau Gehnau behandelt uns wie rohe Eier!" – „Aber das ist ja prima." – „Was heißt denn hier prima? Oder möchtest du jeden Tag in die Pfanne gehauen werden?!"

DAS MARIECHEN IST DAS ERSTE MAL VERLIEBT. „MAMA, UNSER NEUER LEHRER IST SOOOO TOLL UND GANZ HÜBSCH UND DAZU NOCH GANZ, GANZ FROMM." – „WIESO DENN FROMM?" – „IMMER WENN ICH EINE ANTWORT GEGEBEN HABE, SAGT ER OH GOTT."

"Mama, es hilft nichts, aber ab morgen kann ich leider nicht mehr in die Schule gehen. Alle reden vom Lehrermangel und dass immer mehr Kinder in die Schule gehen. Einer muss jetzt mal was dagegen unternehmen!"

Als Tims Vater nach der Arbeit nach Hause kommt, wird er überschwänglich von seiner Tochter begrüßt, die ihn küsst und seine Jacke aufräumt, während Tim weiter in den Fernseher starrt. "Du könntest dir ruhig ein Beispiel an deiner Schwester nehmen!" Tim schaut überrascht auf: "Wie, ich soll auch einen Kratzer in die Autotür machen?"

Mamas Geburtstag steht vor der Tür: "Ach Maxi, ich würde mich am meisten über eine bessere Mathenote freuen." – "Ach schade, Mama, jetzt hab ich dir schon was anderes besorgt."

"LENA, WAS WILLST DU EIGENTLICH NACH DER SCHULE MACHEN?", FRAGT IHRE FREUNDIN. LENA BETRACHTET SICH IM SPIEGEL: "WENN ICH SO HÜBSCH BLEIBE, WERDE ICH MODEL UND WENN NICHT, KANN ICH'S JA MACHEN WIE UNSERE DEUTSCHLEHRERIN."

Nach der Schule dürfen sich Klaus und Bernd noch ein Eis kaufen. Als Klaus mit zwei Erdbeereis in der Hand zu Bernd zurückläuft, stolpert er und ein Eis fällt in den Gully. Mitleidig schaut er seinen Freund an: „Schade, jetzt ist dein Eis runtergefallen."

Ben und Tim sitzen bei den Deutschhausaufgaben: „Sag mal, Tim, schreibt man Lama nun mit oder ohne ‚h'?" Tim überlegt kurz: „Kommt darauf an, ob es gut zu Fuß ist."

Lukas steht mit seiner neuen Freundin auf dem Pausenhof. Die ganze Zeit heißt es. Schatzi hier und Mausi da, bis es seinem Freund Paul zu dumm wird: „Schön und gut, wenn du den Romantiker heraushängen lässt, aber findest du nicht, dass du es etwas übertreibst?" Darauf Lukas ganz genervt: „Was heißt denn hier Romantiker? Ich kann mir den Namen nur einfach nicht merken!"

Ben sitzt mit seinen Eltern beim Abendbrot. Herzhaft beißt er in sein Wurstbrot, während sein Vater jammert: „Jetzt erhöhen die schon wieder die Strompreise. Wer soll das denn alles bezahlen?" Ben schluckt den Bissen in seinem Mund runter und tröstet: „Na Papa, dann kannst du dich ja endlich freuen, dass ich keine große Leuchte bin!"

Bernds Mutter hat gelesen, dass Lebertran die Konzentration fördert. Seitdem muss er jeden Morgen vor der Schule das schreckliche Gesöff zu sich nehmen. „Bernd, hast du auch deinen Lebertran genommen?" – „Ja, Mama, heute schon eine ganze Gabel voll."

Paul kommt nach Hause und erzählt seinem Vater: „Heute hat mir einer gesagt, dass ich dir wie aus dem Gesicht geschnitten bin." Der Vater lächelt: „Und was hast du gesagt?" – „Nichts. Lehrer darf man ja nicht beschimpfen, auch wenn sie es verdient haben."

Tim und Ben büffeln gemeinsam für die anstehende Mathearbeit. Nach einer Weile stöhnt Ben: „Der Wimmer sagt zwar immer, dass einen lernen nicht umbringt, aber ich glaube trotzdem, dass wir hier ein gewisses Risiko eingehen!"

In der Pause sitzen zwei Schüler auf einer Bank und geben furchtbar an. „Mein Urgrossvater hat beim Eiffelturm mitgebaut." – „Das ist ja ganz schön, aber mein Urahne war dabei wie Columbus Amerika entdeckt hat." Lukas schlendert gerade vorbei und hört alles. „Leute, das ist ja Kinderkram. Kennt ihr das Tote Meer? Das hat mein Vater gekillt."

Tim und Ben sitzen über einem Riesenberg Hausaufgaben: „Du, Tim, wie stellst du dir die perfekte Schule vor?" Tim kaut einige Momente gedankenverloren auf seinem Bleistift herum, dann antwortet er: „Auf jeden Fall geschlossen."

Oliver steht im Pausenhof und trinkt seinen Kakao. An den Füßen hat er einen gelben und einen blauen Schuh. Klaus geht bewundernd um ihn herum: „Cool, sind die Schuhe neu?" – „Ja", erwidert Oliver freudestrahlend. „Hat meine Mama gestern erst gekauft und stell dir vor, sie hat gleich zwei Paar davon mitgebracht!"

LENA KOMMT GEREIZT AUS DER SCHULE, SETZT SICH AN DEN TISCH UND FÄNGT AN, DAS MITTAGESSEN IN SICH HINEINZUSCHAUFELN. „WAS HATTEST DU DENN HEUTE IN DER SCHULE?", FRAGT IHRE MUTTER INTERESSIERT. „HUNGER, DURST UND VERDAMMT SCHLECHTE LAUNE!"

Lukas und Paul brüten über ihren Hausaufgaben. Plötzlich fängt Paul an zu kichern: „Weißt du eigentlich den Unterschied zwischen einem Knochen und der Schule?" Lukas schaut ihn verständnislos an. „Ist doch klar; der Knochen ist für den Hund und die Schule bei mir ganz eindeutig für die Katz!"

ALS DIE MUTTER KLAUS AM MORGEN WECKEN WILL, ERKLÄRT IHR DIESER, DASS HEUTE DER UNTERRICHT AUSFÄLLT. „ABER WARUM SOLLTE DENN KEIN UNTERRICHT SEIN?" – „FRAU GEHNAU IST NICHT DA. SIE HAT UND GESTERN GANZ DEUTLICH GESAGT, DASS SIE JETZT SCHLUSS MACHT UND DANN HAT SIE GESAGT UND MORGEN FAHR ICH FORT."

Die Mutter bittet Mariechen kurz in den Supermarkt zu laufen, und noch ein paar Eier für das Mittagessen zu besorgen. Als das Kind nach zwei Stunden immer noch nicht zurück ist, macht sich die Mutter Sorgen, und will die Tochter suchen gehen. Da entdeckt sie Mariechen fröhlich auf der Schaukel vor dem Haus sitzen. „Du solltest doch zum Supermarkt gehen", schimpft die Mutter. Mariechen winkt ab: „Wir haben heute in der Schule gelernt, dass sich die Erde dreht, also sollte der Supermarkt ja früher oder später hier vorbeikommen!"

Herr Kellermann hält heute in Biologie eine Stunde über Esel. Leider lassen sich seine Schüler gar nicht begeistern und beschäftigen sich mit anderen Dingen. Da platzt dem Lehrer der Kragen: „Also, ihr müsst schon herschauen, um etwas über einen Esel zu erfahren…"

Maxi und Ben wollen sich nach der Schule verabreden. „Du, wann sollen wir uns denn treffen?" – „Keine Ahnung. Und wo sollen wir uns treffen?" – „Mir egal. Und um wieviel Uhr?" – „Sag du." – „O.K., also dann bis später."

LENAS MUTTER KOMMT VOM ELTERNSPRECHTAG NACH HAUSE. WÜTEND SCHIMPFT SIE: „DEIN ENGLISCHLEHRER HAT GESAGT, DASS DU STÄNDIG IM UNTERRICHT SCHLÄFST. WAS HAST DU DAZU ZU SAGEN?" – „NATÜRLICH SCHLAF ICH DA! DU WEISST DOCH, FREMDSPRACHEN LERNT MAN AM BESTEN IM SCHLAF."

KLAUS FRAGT SEINEN FREUND BERND AUFGEBRACHT: „SAG MAL, WUSSTEST DU EIGENTLICH, DASS LEHRER GELD BEKOMMEN!?!" BERND BLEIBT WIE ANGEWURZELT STEHEN: „WAS, UND WIR MACHEN DIE GANZE ARBEIT?"

Auf dem Schulweg. Paul stöhnt: „Mann, so schönes Wetter und wir haben eine ganze Tonne voll Hausaufgaben auf! Da weiß man ja gar nicht, was man machen soll!" Darauf Ben mit der rettenden Idee: „Lass uns doch eine Münze werfen; bei Kopf gehen wir schwimmen, bei Zahl auf den Bolzplatz und wenn sie auf der Kante stehen bleibt, machen wir Hausaufgaben!"

Klaus übt für den Biotest. Er soll alles zum Tiger lernen. Als seine Mutter ihn abgefragt hat, lobt sie ihn: „Du hast ja fast alles gewusst, nur die schreckliche Klaue hast du vergessen." – „Ach, die ist nicht so wichtig, wann müssen Tiger schon mal Aufsätze schreiben?"

Die Mutter telefoniert. Nachdem sie aufgelegt hat: „Du, Ben, der Tim kann den Rest der Woche nicht in die Schule kommen, er hat die Windpocken. Die sind wahnsinnig ansteckend und ... wieso ziehst du deine Schuhe an?" – „Keine Zeit, ich muss ganz schnell Tim besuchen. Wir schreiben morgen eine Mathearbeit."

„Toll", schimpft Maxi nach der sechsten Stunde. „Überall herrscht angeblich Lehrermangel, nur bei uns gibt es viel zu viel davon."

NACH EINER BESONDERS FIESEN MATHESTUNDE BEI HERRN WIMMER SCHIMPFT BEN: „DER GLAUBT WOHL, ER IST JESUS." EINE WEILE SCHWEIGT TIM, DANN ANTWORTET ER: „NUN, THEORETISCH KÖNNTE ER JA AUF DEM WASSER LAUFEN, SO HOHL WIE DER IST, ALLERDINGS IST DER WIMMER NICHT GANZ DICHT ..."

Klaus geht mit seinem Freund Bernd nach Hause. „Glaubst du eigentlich, dass der Mond bewohnt ist?" Bernd überlegt eine Weile und fängt dann an zu kichern: „Wenn ja, kannst du dir das Gedränge vorstellen, wenn Halbmond ist?"

BEN DARF AUSNAHMSWEISE UNTER DER WOCHE BEI TIM ÜBERNACHTEN. SCHON FRÜH AM MORGEN LIEGEN DIE BEIDEN WACH AUF IHREN MATRATZEN UND LESEN COMICS. BEN SCHAUT AUF DEN WECKER: „DU TIM, WENN DEINE MUTTER UNS JETZT NICHT BALD WECKT, KOMMEN WIR NOCH ZU SPÄT IN DIE SCHULE."

Durch Zufall hat Lukas' Mutter erfahren, dass ihr Sohn eine Woche zuvor hat nachsitzen müssen. Sie schimpft: „Und da lügst du mich an und erzählst mir, dass du dich mit Tim getroffen hast!" Lukas verteidigt sich: „Ich hab dich gar nicht belogen; Tim war ja auch da!"

"OH", STÖHNT PAUL MIT BLICK AUF DEN NEUEN STUNDENPLAN. "DREI STUNDEN LATEIN AM MONTAG!" TIM ZUCKT ERGEBEN MIT DEN SCHULTERN. "DENK AN DIE ARMEN RÖMER, DIE MUSSTEN DAS DEN GANZEN TAG ERTRAGEN!"

Lukas liegt zu Hause krank auf dem Sofa. Seine Mutter hat den Arzt geholt, der ihn sorgfältig untersucht. Lukas schaut ihn tapfer an: "Ich kann es ertragen, Herr Doktor; wann muss ich wieder in die Schule?"

Klaus kommt begeistert nach der Schule nach Hause. "Seit heute sitze ich neben der Lina, und die heirate ich, wenn ich groß bin." Seine Mutter lacht und meint: "Da gehören aber immer zwei dazu." Klaus strahlt übers ganze Gesicht. "Na, umso besser! Dann heirate ich auch noch die Greta aus der 1c!"

Tim und Ben sitzen zusammen über ihren Hausaufgaben. "Du Tim, was für ein Satz ist ‚Der Matheunterricht wird morgen ausfallen'?" – "Das ist kein Satz, Ben, das ist ein Geschenk des Himmels."

Maxi schimpft zu Hause: „Warum müssen wir eigentlich dieses blöde Englisch lernen?" Seine Mutter versucht ihn zu beschwichtigen: „Aber die halbe Welt spricht Englisch." – „Na, das reicht doch dann wohl!"

In der Pause gibt ein Schüler ganz furchtbar mit seinem Hund an: „Und wenn ich nach Hause komme, holt er mir sogar die Hausschuhe. Es gibt kein besseres Haustier als meinen Wolfi." – „Pah", macht Maxi gekränkt. „Das könnte ich meiner Schildkröte auch beibringen!" Daraufhin tätschelt Tim ihn am Rücken. „Vielleicht, aber bis die Schuhe bei dir wären, bräuchtest du sie wahrscheinlich eine Nummer größer!"

DAS MARIECHEN KOMMT NACH DER SCHULE NACH HAUSE UND FRAGT IHRE MUTTER: „MAMA, WARUM IST GOTT EIN LÖFFEL?" – „WIESO SOLLTE GOTT EIN LÖFFEL SEIN? DA FRAG DOCH LIEBER NOCH MAL NACH." NACH EIN PAAR TAGEN KOMMT SIE WIEDER ZU IHRER MUTTER: „DU HATTEST RECHT, GOTT IST EIN SCHÖPFER, ABER ICH WUSSTE, ES IST IRGENDETWAS AUS DER KÜCHENSCHUBLADE."

Klaus beschwert sich bei seinem Freund Bernd: „Eigentlich ist unsere Lehrerin ganz schön blöd, die muss ja alles uns fragen, die weiß ja echt gar nix!" Bernd überlegt eine Weile: „Ich glaub, die weiß das alles, und die tut nur so." Klaus bleibt abrupt stehen und starrt seinen Freund entrüstet an: „Dann ist sie also nicht dumm, aber dafür total verlogen!"

Lukas, Paul und Tim spielen nachmittags heimlich Fußball auf dem Schulhof. Wie nicht anders zu erwarten geht dabei eine Scheibe zu Bruch, doch bevor sie sich aus dem Staub machen können, baut sich der Hausmeister vor ihnen auf und schreit: „Hier wird nicht abgehauen. Die Scheibe ersetzt ihr von eurem Taschengeld!" Lukas hält entrüstet dagegen: „Wir wollten doch nicht abhauen; wir wollten zum Geldautomaten, um den Schaden zu begleichen!"

Heute ist die Tante zu Besuch. Sie fragt die kleine Marie: „Sag mal, wie gefällt es dir denn, in die Schule zu gehen?" – „Och", antwortet Marie. „Ich geh ganz gerne hin und auch wieder zurück. Aber die Zeit dazwischen gefällt mir so gar nicht!"

Mariechen sucht verzweifelt ihr Deutschheft, dann bittet sie ihre Mutter um Hilfe. Die geht ins Zimmer und hat das verschollene Heft auf einen Blick erspäht: „Siehst du Marie, man muss nur richtig schauen." – „Du hast leicht reden. Du hast halt schon große Augen."

Zu Hause schimpft der Vater: „Mensch Ben, so viele Fehler im Aufsatz! Woran liegt das denn?" – „Ach Mann, daran ist die blöde Deutschlehrerin schuld. Die sucht ja geradezu danach!"

Nach der Schule sitzt Ben am Küchentisch und rülpst laut und wischt sich den Mund am Ärmel ab. Als er sich gerade wieder ein Stück Kartoffel mit den Fingern in den Mund schieben will, ruft seine Mutter empört: „Ja, Ben, bist du denn verrückt geworden? So kannst du dich hier aber nicht aufführen!" Ben sieht sie treuherzig an: „Aber das hat uns unser Lehrer erlaubt! Er hat ganz deutlich gesagt: ‚So kannst du dich zu Hause benehmen'!"

Herr Wimmer liegt im Krankenhaus. Während Tim, Ben und noch ein paar andere vor der Tür warten, geht Lukas in das Krankenzimmer. Nach wenigen Minuten kommt er wieder heraus, schließt leise die Tür und schüttelt niedergeschlagen mit dem Kopf: „Seid stark Jungs ... er kommt morgen wieder in die Schule."

Biolehrer Kellermann erklärt heute, welch furchtbare Krankheiten es geben kann: „Häufig endet diese mit dem Tod, ohne dass genau klar wird, was der Kranke eigentlich hatte." Lena beugt sich zu ihrer Banknachbarin hinüber und stellt fest: „Also, wenn ich sterbe, lasse ich auf jeden Fall eine Autopsie wie im Fernsehen machen. Ich will schließlich wissen, woran ich gestorben bin."

Immer diese Eltern

MARIE KOMMT NACH IHREM ERSTEN SCHULTAG NACH HAUSE. NEUGIERIG FRAGT SIE DER VATER GLEICH: „NA, HAST DU DENN HEUTE SCHON WAS GELERNT?" – „OH JA", ANTWORTET MARIE UND FUNKELT IHREN VATER BÖSE AN. „DIE ANDEREN KINDER BEKOMMEN ALLE VIEL MEHR TASCHENGELD ALS ICH!"

Herr Müller kommt wütend in die Schule gestapft und baut sich drohend vor Frau Büchlein auf: „Warum schicken Sie meine Tochter nach Hause, wenn ich fragen darf?" Frau Büchlein ist ganz verwirrt: „Aber sie hat mir gesagt, dass ihre Schwester unter Masern leidet, und die sind so furchtbar ansteckend." – „Das schon, aber die Schwester ist 23 und lebt doch in Köln!"

Dicke Rauchschwaden ziehen durch den Garten. „Ja, Herr Nachbar, was verbrennen Sie denn da?" – „Meine alten Zeugnisse und Schulhefte; mein Sohn kommt jetzt in die Schule!"

KLAUS KOMMT NACH DER SCHULE NACH HAUSE UND ERZÄHLT: „MAMA, JETZT KANN ICH SCHON DANKE AUF ENGLISCH SAGEN!" – „DAS IST JA PRIMA, JETZT MUSST DU ES JA NUR NOCH AUF DEUTSCH LERNEN."

MAXI DRUCKST MIT ROTEN OHREN RUM: „DU MAMA, HATTEST DU EIGENTLICH SEXUALKUNDE-UNTERRICHT?" – „NEIN, MAXI, DAS GAB ES DAMALS NOCH NICHT." – „ACH SO, DANN BRAUCH ICH DICH JA GAR NICHT ERST ZU FRAGEN."

„Und Lena", fragt ihre etwas ehrgeizige Mutter. „Wer hat denn heute bei euch in der Schule am meisten gewusst?" – „Die Lehrer, die kriegen ja schließlich Geld dafür."

Eine verzweifelte Mutter sitzt bei Herrn Wimmer in der Sprechstunde: „Besteht denn gar keine Möglichkeit mehr, dass die Paula keine Sechs in Mathe bekommt?" Herr Wimmer schüttelt bestimmt mit dem Kopf: „Tut mir leid, aber mit dem, was Ihre Tochter alles nicht weiß, könnte ich glatt noch zwei weitere Schüler durchfallen lassen."

Beim Abendessen fragt Ben aus heiterem Himmel seinen Vater: „Sag mal, kannst du eigentlich im Dunkeln schreiben?" Der Vater antwortet leicht verwundert: „Sicher, wenn es nicht viel ist." Daraufhin macht Ben das Licht aus und man hört leises Rascheln. „So, Papa, wenn du dann hier unterschreiben würdest?"

Herr Bock sitzt bei Herrn Wimmer in der Sprechstunde und beschwert sich. „Bei aller Liebe, Herr Wimmer, ich kann mir beim besten Willen nicht vorstellen, dass meine Tochter eine Sechs in Mathe verdient hat!" Herr Wimmer seufzt: „Ganz ehrlich, ich auch nicht, aber es ist nun mal die schlechteste Note, die ich vergeben kann…"

Der Vater überrascht Maxi dabei, wie er ihn heimlich mit seinem Handy fotografiert: „Sag mal, wofür brauchst du denn ein Foto von mir?" – „Ach, der Wimmer wollte wissen, welcher Trottel so viele Fehler bei den Hausaufgaben machen kann."

„Oh Mama, das war heute so peinlich in der Schule. Ich konnte den Äquator nicht finden und dann haben mich alle ausgelacht." Die Mutter tätschelt Lena abwesend den Kopf: „Siehst du, das kommt davon, wenn man seine Schultasche nicht ordentlich packt."

Beim Elternsprechtag will ein wütender Vater wissen, warum sein geliebter Sohn keine Freunde in der Klasse findet. Frau Büchlein druckst ein wenig herum: „Nun, die Kinder, die er haut, mögen ihn halt nicht und wenn sie zurückhauen, mag er sie nicht."

BEI TIM KLINGELT DAS TELEFON. BENS VATER IST DRAN: „KÖNNTEST DU BITTE BEN NACH HAUSE SCHICKEN; ICH KOMME MIT SEINEN MATHEHAUSAUFGABEN NICHT WEITER."

Mariechen kommt ganz aufgeregt nach Hause: „Frau Gehnau hat uns heute erzählt, dass man eine prähistorische Grippe gefunden hat." – „Meinst du vielleicht Gerippe?" – „Keine Ahnung, Hauptsache, sie ist nicht so ansteckend."

Herr Wimmer knallt Ben das Matheheft auf den Tisch: „Wer hat für dich die Hausaufgaben gemacht?!" Ben zuckt mit den Schultern: „Das weiß ich leider nicht, ich war gestern nicht zu Hause."

BEI KLAUS KLINGELT ABENDS DAS TELEFON. MIT DEM HÖRER IN DER HAND RUFT ER SEINEN VATER: „DU, PAPA, DER VATER VON MARIECHEN WILL WISSEN, WANN DU MIT MEINEN HAUSAUFGABEN FERTIG BIST; ER HAT EIN PROBLEM BEI NUMMER VIER."

Ein Klavierkonzert in der Aula. Maxis Mutter flüstert: „Ist das Mozart?" – „Ne, Mama, das ist Peter aus der 5d."

Beim Abendessen erzählt Paul seinen Eltern: „Der Wimmer hat sich heute nach euch erkundigt." Der Vater schaut neugierig auf: „Ach ja, was wollte er denn?" – „Er wollte wissen, von welchen Halbaffen ich denn abstamme."

Beim Elternsprechtag muss Herr Wimmer einem Vater mitteilen: „Tja, Ihr Sohn macht leider gar keine Fortschritte beim Subtrahieren oder Dividieren. Er muss wirklich zu Hause mehr üben!" Doch der Vater zeigt sich unbeeindruckt und antwortet: „Ach, das hat er von mir; ich war auch immer schlecht in Latein. Hauptsache, er kann vernünftig rechnen."

Frau Büchlein freut sich: „Paul, du hast seit neustem viel weniger Rechtschreibfehler in deinen Hausaufgaben. Bekommst du zu Hause Hilfe?" – „Ich nicht, aber mein Vater hat sich den Arm gebrochen, seitdem übernimmt Mama das Schreiben für ihn."

Die Mutter will Lena ein wenig motivieren: „Bei einer guten Deutschnote darfst du dir ein Buch von mir wünschen." – „O.K., wie wär's mit deinem Sparbuch?"

DEUTSCHLEHRERIN BÜCHLEIN HAT MAL WIEDER BENS AUFSATZHEFT IN DEN HÄNDEN UND SCHIMPFT: „WIRKLICH BEN, DIESER AUFSATZ IST MAL WIEDER EINE ZUMUTUNG. KANN DIR DEINE ÄLTERE SCHWESTER DENN NICHT MAL HELFEN?" BEN ZUCKT ERGEBEN MIT DEN SCHULTERN. „DAS WÜRDE SIE SCHON, ABER MEIN VATER ERLAUBT ES NICHT, IHM MACHEN DIE AUFSÄTZE SO VIEL SPASS..."

Elternsprechtag. „Leider muss ich Ihnen sagen, dass Ihr Sohn ständig im Unterricht redet, Herr Müller." – „Ach, das ist gar nichts. Seine Mutter redet sogar im Schlaf."

Maxi kommt mal wieder mit seinen Hausaufgaben nicht weiter. „Du Papa, schreibt man Gewehr eigentlich mit e oder mit ä?" Der Vater grübelt eine Weile. „Weißt du was, schreib doch einfach V-l-i-n-t-e."

HERR TROPISCH FRAGT SEINE KLASSE: „WER KANN MIR DENN ERKLÄREN, WAS EINE WÜSTE IST?" – „DORT WILL NICHTS WACHSEN." – „GENAU, UND WER KANN MIR SAGEN, WO WIR WÜSTEN FINDEN?" DARAUF LUKAS: „IN DEN BALKONKÄSTEN MEINER MUTTER."

Wie üblich will die Mutter von Paul wissen, wie es in der Schule war: „Hast du heute denn auch schön mitgemacht?" – „Oh, ja, heute habe ich mich sogar bei einer Frage als einziger gemeldet." Die Mutter hakt nach: „Prima, was wollte der Lehrer denn wissen?" – Wer hat alles seine Hausaufgaben nicht gemacht.

Lena sitzt beim Mittagessen. Ihre Mutter will wie üblich interessiert von ihr wissen: „Und, Schatz, was habt ihr heute Schönes in der Schule gemacht?" Missmutig erwidert Lena: „Wir haben männliche Prostituierte zeichnen müssen, wenn du es genau wissen willst!" Am nächsten Morgen wird Kunstlehrerin Frau Pinsel zu einem schäumenden Direktor zitiert und dort vor den Augen der empörten Eltern von Lena zur Rede gestellt: „Wie können Sie es wagen, an meiner Schule so einen Schmutz zu verbreiten?!", donnert er los. Verdattert stottert die Lehrerin: „Aber Strich-männchen stehen doch im Lehrplan …"

Am Abend nach den Ferien kann Klaus einfach nicht einschlafen, darum liest ihm der Vater noch vor. Nach einer Weile kommt die Mutter ins Zimmer und fragt leise: „Ist er endlich eingeschlafen?" – „Ja, endlich", flüstert Klaus zurück.

Lukas musste mal wieder nachsitzen. Zu Hause erwartet ihn schon seine Mutter: „Wie oft hab ich dir gesagt, du sollst gleich nach der Schule nach Hause kommen und dich nicht rumtreiben!" Lukas schimpft wütend zurück: „Ich hab mich nicht rumgetrieben; ich musste Überstunden machen!"

Maxi grübelt über einem Aufsatz für Frau Büchlein, aber die richtigen Worte wollen ihm einfach nicht einfallen: "Papa, wie nennt man nochmal einen Mann, der nicht verheiratet ist?" – "Ledig." "Und einen, der verheiratet ist?" Ein kurzer Blick in Richtung Ehefrau: "Erledigt."

Im Physikunterricht wird gefragt, woher der Strom kommt. Maxi weiß die Antwort: "Natürlich aus der Steckdose."

Wieder geht es um Strom. "Nun genauer: wo wird denn der Strom produziert?" Auch diesmal weiß Maxi die Antwort: "Im Urwald." Der Lehrer ist erstaunt: "Wie kommst du denn darauf?" – "Als letztens Stromausfall war, hat mein Papa gesagt: jetzt haben die Affen schon wieder den Strom abgestellt!"

Kaum dass Lukas seine Schultasche abgesetzt hat, fängt der Vater an zu schimpfen: "Mensch Lukas, der Herr Wimmer hat sich schon wieder über dich beschwert. Ständig höre ich klagen über dich!" – "Ach Papa, du weisst doch, die Leute klagen heutzutage ständig."

„Mama, darf ich vor dem Einschlafen noch lesen?" – „Gerne Mariechen, aber wirklich nur bis zum Einschlafen!"

Der Vater kommt nach dem Elternsprechtag nach Hause. „Maxi, dein Lehrer hat mir gesagt, dass du der Schwächste in der ganzen Klasse bist!" Doch Maxi zeigt sich völlig unbeeindruckt: „So ein Quatsch. Schließlich bin ich doch derjenige, der ihm immer den schweren Bücherstapeln tragen muss!"

Bens Mutter sitzt bei der Deutschlehrerin in der Sprechstunde und schwärmt: „Der Ben ist so fantasiebegabt und hat immer so kreative Ideen…" Frau Büchlein lacht trocken: „Ja, besonders in der Orthographie!"

Heute möchte Herr Kellermann im Biologieunterricht von Ben wissen, wie gross ein Kamel werden kann. Dieser weiss die Antwort auch sofort: „Höchstens so gross wie Sie." – „Und wie kommst du darauf, Ben?" Dieser antwortet: „Meine Mama sagt immer, ein grösseres Kamel als den Kellermann gibt es nicht."

Lukas hat mal wieder seine Mathehausaufgaben nicht gemacht. Wütend droht Herr Wimmer: „So Lukas, da red' ich jetzt aber wirklich mal mit deinem Vater!" Lukas winkt ab: „Das hab ich schon, aber der will sie auch nicht machen."

Klaus kommt nach der Schule nach Hause und fällt seiner Mutter um den Hals. „Danke, dass ich dein zweites und nicht dein fünftes Kind bin!" – „Wieso denn das?" – „Ich hab heute in der Schule gelernt, dass jedes fünfte Kind ein Chinese ist und dann würdest du mich ja gar nicht mehr verstehen."

Herr Wimmer schimpft mit dem kleinen Frank: „Bei deinen Hausaufgaben bekommst du bei jeder Rechnung zu viel heraus. Vielleicht kann dir dein Vater ja mal helfen." – „Aber der hilft mir doch immer", antwortet Frank, den Tränen nahe. „Und was ist dein Vater von Beruf?" – „Kellner, wieso?"

Zuhause bei Paul. „Du hast schon wieder einen Verweis bekommen, Freundchen. Zwei Wochen Fernsehverbot!", tobt der Vater. Paul brüllt empört zurück: „Immer glaubst du allen anderen. Nie willst du wissen, was wirklich passiert ist! Immer bekomme ich gleich eine Strafe aufgebrummt!" – „Nun? Dann schieß los." – „Ich habe der Büchlein Kleber in die Tasche geschüttet und dann habe ich versucht, die Schulglocke abzuschalten."

BEIM ABENDESSEN FRAGT DER VATER TIM: „UND, WAS HAST DU IN DER MATHEARBEIT?" TIM SCHIEBT SICH EINEN GROSSEN BISSEN IN DEN MUND UND NUSCHELT: „EINE ZWEI." IN DIESEM MOMENT DONNERT ES DRAUSSEN LAUT. „SIEHST DU, MEIN SOHN, DAS IST DER LIEBE GOTT, DER DICH BEIM LÜGEN ERWISCHT HAT." – „ALSO GUT, EINE SECHS." DER VATER LÄSST DIE GABEL FALLEN UND SCHREIT LOS: „EINE SECHS?!? SO ETWAS GAB ES BEI MIR NIE…" IN DIESEM MOMENT SCHLÄGT DER BLITZ EIN.

Beim Elternsprechtag sitzt Maxis Vater vor Frau Büchlein: „Tja, ich muss Ihnen leider sagen, dass Ihr Sohn immer unverschämter wird. Erst letzte Woche habe ich ihn gefragt, wer ‚Nathan, der Weise' geschrieben hat, und er antwortet mir frech ins Gesicht: ‚Ich jedenfalls nicht.'" Der Vater schüttelt missbilligend den Kopf. „Gut, er ist manchmal ein bisschen frech, aber lügen tut er nicht. Wenn er also sagt, dass er das nicht geschrieben hat…"

Lisa kommt mit einem Verweis nach Hause in dem steht: „Lisa spielt während des Sexualkundeunterrichts heimlich mit ihrem Handy." Während Lisas Vater den Verweis unterschreibt, hört man ihn resigniert murmeln: „Ganz die Mutter…"

Lehrer unter sich

Die Mutter kommt morgens ins Zimmer, macht die Vorhänge auf und flüstert ihrem Sohn liebevoll zu: „Schatz, aufstehen. Du musst in die Schule." Ihr Sohn vergräbt sich tiefer in die Kissen und nuschelt: „Muss ich wirklich?" – „Ja, du weißt doch, dass auch Lehrer pünktlich sein sollen!"

Im Lehrerzimmer. Frau Büchlein empört sich: „Also wirklich. Die Mädchen kommen heute immer jünger geschminkt zur Schule. Da sollten wir wirklich mal einen Elternbrief verfassen!" Herr Wimmer widerspricht: „Die sollen sich ruhig anmalen; dann heulen sie zumindest nicht gleich, wenn ich ihnen eine Fünf gebe."

Frau Büchlein schwärmt im Lehrerzimmer: „Also meine neue Tagescreme wirkt wirklich Wunder! Sie macht mich glatt zehn Jahre jünger!" Herr Wimmer blickt von seiner Zeitung auf: „Na dann pass mal auf, dass kein Schüler die in die Hände bekommt; bei den Grundschülern könnte das lebensgefährlich sein."

Während der Pause stehen die Mathelehrer der Schule zusammen. Sie beobachten, wie drei Kinder in die Toiletten gehen. Dann kommen vier wieder heraus. „So, Herr Kollege, jetzt muss nur noch ein Kind auf die Toilette, dann sind null Kinder drin."

Nach einer Woche Schullandheim mit seinen Schülern schimpft Herr Wimmer im Lehrerzimmer: „Man sollte davon ausgehen, dass die Füße zum Laufen und die Nase zum Riechen da sind. Bei der Hälfte meiner Schüler ist es genau anders herum: deren Nasen laufen ständig und dafür riechen die Füße!"

Frau Gehnau sitzt im Lehrerzimmer und korrigiert Hefte. Neben sich hört sie den Sportlehrer sagen: „... und dann machen wir noch Dehnübungen ...!" Ohne aufzublicken unterbricht sie: „Herr Kollege, auch wenn Sie nur Sportlehrer sind, heißt es DIE Übungen und nicht DEN Übungen!"

Nach der Sprechstunde lässt sich Herr Kellermann im Lehrerzimmer erschöpft auf einen Stuhl fallen. „Jetzt war schon wieder die Mutter von Micha da, um mir zu sagen, wie überragend ihr Kind ist." Herr Wimmer schaut von seinem Kaffee auf: „Da hat sie ja irgendwie recht; halt überragend doof."

„Hast du schon gehört? Der Rektor will alles in den Klassenräumen diebstahlsicher machen, die Schränke, die Bilder, die Uhren..." – „Die Uhren kann er sich schenken, die lassen doch die Schüler keine Sekunde aus den Augen."

Geschichtslehrer Staubig sitzt gemütlich in seinem Sessel und liest. Gegenüber auf der Couch sitzt seine Tochter und blättert in einer Zeitschrift. „Papa, wann haben eigentlich Andre Agassi und Steffi Graf geheiratet?" – „Keine Ahnung." – „Und wann haben Brad Pitt und Angelina Jolie geheiratet?" – „Woher soll ich das wissen?" – „Und wann hat Michael Jackson sein erstes Solokonzert gegeben?" – „Puh, das weiß ich nun wirklich nicht." – „Weißt du Papa, für einen Geschichtslehrer weißt du wirklich so gar nichts von der Vergangenheit."

FRAU BÜCHLEIN KLAGT IM LEHRERZIMMER: „LENA ÜBERSCHÄTZT IHR KÖNNEN IM AUFSATZ MASSLOS. JETZT STEHT SCHON IMMER ALLE RECHTE VORBEHALTEN DRUNTER."

Die Mutter von Herrn Kellermann schüttelt missbilligend den Kopf: „Sohn, jetzt bist du seit acht Jahren Lehrer und weißt seitdem immer alles besser! Es ist nicht zum Aushalten!" Biolehrer Kellermann blickt von seiner Zeitung auf: „Seit neun Jahren, Mutter, seit neun."

FRAU BÜCHLEIN ERZÄHLT IM LEHRERZIMMER: „ALSO, MEIN MANN BEKLAGT SICH IN LETZTER ZEIT STÄNDIG, DASS ICH IM SCHLAF REDE." – „SEI DOCH FROH", UNTERBRICHT SIE HERR WIMMER, „DAS IST DOCH MAL EINE ABWECHSLUNG. ICH REDE IMMER NUR VOR SCHLAFENDEN."

Die beiden Lateinlehrer liegen sich nun schon seit Wochen wegen einer Übersetzung erbittert in den Haaren. Als sie sich am Montag auf dem Flur begegnen, erklärt der eine stur: „Ich weiche keinem Ignoranten!", und baut sich vor dem anderen auf. „Ich schon", entgegnet dieser und geht vorbei.

Dumm gelaufen

Maxi kommt recht zerknirscht nach Hause. Dort beichtet er: „Mama, ab sofort bin ich von den Hauswirtschaftsstunden suspendiert, weil ich etwas hab anbrennen lassen." Die Mutter ist ganz erschrocken: „Aber das ist doch kein Grund. Ich ruf sofort in der Schule an." Maxi schüttelt traurig mit dem Kopf: „Da wirst du wohl keinen erreichen; die sind wahrscheinlich immer noch mit den Löscharbeiten beschäftigt."

Grammatikstunde bei Frau Büchlein. „Wir wollen einmal ganz einfach beginnen. Paul isst Erdnüsse. Wo ist hier das Subjekt?" Da ruft Lukas von hinten: „Im Krankenhaus, der ist nämlich total allergisch!"

Pfarrer Himmelreich will den Schülern die Bedeutung des Wortes Versuchung erklären; doch niemandem will ein Beispiel einfallen. „Hat denn noch niemand mit einer Haarklammer versucht, Geld aus Papas Sparschein zu holen, oder Schokolade genascht und das Papier dann bei den Geschwistern versteckt?" Klaus Augen beginnen zu leuchten: „Endlich lernt man hier mal was fürs Leben."

Paul kommt mit einem Verweis nach Hause. „Jetzt bin ich vom Schwimmunterricht ausgeschlossen, weil ich ins Becken gepinkelt habe." Der Vater lacht: „Das machen doch alle!" – „Das hab ich auch gesagt, aber der Sportlehrer meinte, vom Drei-Meter-Brett wäre das noch mal was anderes..."

Geschichtslehrer Staubig erklärt: „Die Währungsreform hat alle erst einmal durcheinander gebracht. Aus Mark wurde Euro." Da fragt Maxi: „Müsste Mark aus der 5b dann nicht 50 Cent heißen?"

KLAUS KOMMT WÜTEND MIT EINER STRAFARBEIT NACH HAUSE. „WOFÜR HAST DU DIE DENN BEKOMMEN?" – „ICH HABE DER LEHRERIN NUR EIN KISSEN AUF DEN STUHL GELEGT!" – „ABER DAS IST DOCH WAS NETTES", EMPÖRT SICH DIE MUTTER. „ICH GEHE GLEICH MORGEN IN DIE SCHULE UND REDE MIT DEINEM DIREKTOR!" KLAUS FÄNGT AN, HERUMZUDRUCKSEN: „NA JA, VIELLEICHT IST DAS KEINE SO GUTE IDEE; ES WAR NÄMLICH EIN STEMPELKISSEN!"

Frau Büchlein spricht heute über die großen Dichter und Denker. Währenddessen spielt Ben mit seinem Bleistift, der ihm dabei auf den Boden fällt und wegrollt. Er taucht unter den Tisch und sucht, während Frau Büchlein erzählt: „... und auf Goethes Grabstein steht geschrieben.... Und was würdet ihr auf meinen Grabstein schreiben?" In diesem Moment entdeckt Ben den Stift und ruft begeistert: „Da liegt das dumme Ding!"

„Bitte, Herr Wimmer, ich würde wirklich alles dafür tun, um nicht durchzufallen." Der Lehrer beugt sich zu ihr herunter, schaut ihr tief die Augen und fragt: „Wirklich alles?" Sie haucht: „Ja, wirklich alles..." Herr Wimmer: „Auch lernen?"

Freundschaftsspiel gegen die Parallelklasse. Alle legen sich mächtig ins Zeug und Frau Büchlein darf sich als Schiedsrichter versuchen. Nach dem Spiel fragt Tim: "Wie heisst eigentlich Ihr Hund, Frau Büchlein?" – "Aber ich habe gar keinen Hund, Tim." Dieser darauf zu Ben: "Die Arme, so blind und dann nicht mal einen Blindenhund …"

Erdkundelehrer Tropisch bittet Ben und Tim, den Luftdruck zu bestimmen. Kaum haben die beiden Schüler das Messinstrument in der Hand, ist auch schon ein lautes Klirren zu hören. Darauf Tim lakonisch: "Tja, Herr Tropisch, es sieht wohl nach Sturm aus, so wie das Barometer gefallen ist."

Mathelehrer Herr Wimmer will sich einen kleinen Spaß mit seinen Schülern erlauben. Er stellt sich vor die Schüler und verkündet mit einem scheinheiligen Lächeln: „Ich werde euch jetzt jeden Montag eine Frage zum Allgemeinwissen stellen, und wer sie beantworten kann, hat den Rest der Woche frei! Also, wie viele Baumarten gibt es auf der Welt?" – Gähnende Stille. Am folgenden Montag fragt Herr Wimmer: „Wie hieß der französische Außenminister 1975?" Wieder kommt, wie erwartet, keine Antwort. Am nächsten Montag kommt Herr Wimmer in die Klasse, als er an der Tafel in Großbuchstaben geschrieben liest: Der Wimmer ist das Letzte! Wütend dreht er sich um und schreit: „Wer, zum Teufel, war das?" Lukas steht auf, nimmt seine Schultasche und antwortet: „Das war ich! Also, dann bis nächste Woche."

Lena kommt freudestrahlend nach Hause: „Leute, wir haben hitzefrei!" Die Mutter schimpft: „Erzähl doch keinen Quatsch; es sind doch höchstens 15 Grad draussen." – „Ja, das schon, aber Maxi hat die Schulküche abgefackelt!"

„Herr Kellermann, kennen Sie etwas, das ziemlich groß ist, rot-grün, und einen echt fiesen Stachel hinten hat?" Der Biolehrer ist wegen der Unterbrechung genervt und heischt den Schüler an: „Keine Ahnung, und ich würde auch gerne wissen, wie du da jetzt drauf kommst?" – „Och, so was krabbelt Ihnen gerade hinten in den Kragen."

ZUHAUSE BESCHWERT SICH LENA: „DER BLÖDE SPORTLEHRER HAT MIR SCHON WIEDER EINE VIER GEGEBEN, DABEI HAB ICH BEIM FUSSBALL ZWEI TORE GESCHOSSEN!" – „DAS IST WIRKLICH UNFAIR, HABT IHR DENN GEWONNEN?" – „NEIN, 1:1 UNENTSCHIEDEN."

Die Klasse muss geschlossen zum Impfen. Alle stellen sich tapfer an, nur Klaus wehrt sich aus Leibeskräften. „Weißt du denn, wogegen wir dich impfen?", fragt die Schwester. „Ja", schreit Klaus, „gegen meinen Willen."

DER BIOLEHRER HAT DIE NASE VOLL. STÄNDIG REDEN DIE SCHÜLER UNAUFGEFORDERT IN DIE KLASSE. ALS TIM ANSETZT: „HERR KELLERMANN, SIE ....", SCHNAUZT ER IHN AN: „DU BIST JETZT RUHIG! JETZT REDE ICH UND ICH WILL VON NIEMANDEM MEHR ETWAS HÖREN!" AM ENDE DER STUNDE WENDET ER SICH NOCHMALS AN TIM: „ALSO, WAS GIBT'S?" DOCH TIM WINKT AB. „JETZT HABEN WIR UNS ALLE SCHON AN DEN ANBLICK VON IHREM OFFENEN HOSENSTALL GEWÖHNT."

Paul hält seinem Vater die fertige Strafarbeit unter die Nase: Ich bin frech und faul steht dort hundert Mal geschrieben. „Papa, meine Lehrerin hat gesagt, du sollst das bitte unterschreiben."

„Tim, du hast gestern schon wieder den Unterricht versäumt. Was hat dir denn gefehlt?" Tim zuckt die Schultern und fängt an, in seiner Schultasche zu suchen: „Ich weiß nicht, ich hab die Entschuldigung von meiner Mutter noch nicht gelesen."

Tim flüstert Lukas während der Schulaufgabe ins Ohr: „Der Wimmer ist so ein Vollidiot." Von vorne heischt ihn der Mathelehrer Wimmer an: „Sei still, Tim. Das weiß der Lukas ganz alleine."

Geschichtslehrer Staubig ist heute besonders verwirrt. Als er zum dritten Mal Ben aufruft, antwortet Tim: „Der Ben ist heute krank, Herr Staubig." Der Lehrer schaut auf: „Ruf nicht immer rein, Tim, das kann der Ben mir selber sagen."

SPORTUNTERRICHT. ES REGNET IN STRÖMEN, DENNOCH SOLL DIE KLASSE DRAUSSEN FUSSBALL SPIELEN. „ALSO HERR BUTT", MOTZT TIM, „SOLLEN WIR IN DER ERSTEN HALBZEIT ERST MIT ODER GEGEN DIE STRÖMUNG SPIELEN?!"

DER JUNGE REFERENDAR WILL DEN SCHÜLERN ZEIGEN, WIE LOCKER ER IST. ER SETZT SICH AUFS PULT UND SAGT: „ALSO, ICH BIN DER JO, DAS IST DIE KURZFORM VON JOHANNES, ABER DAS IST MIR VIEL ZU ALTMODISCH." ER BLICKT AUF DIE NAMENSSCHILDER VOR IHM: „O.K., AUS THOMAS MACH ICH TOM UND AUS BARBARA BARB UND AUS..." PLÖTZLICH SPRINGT EIN MÄDCHEN AUF UND RENNT HEULEND RAUS. „TJA", ERKLÄRT LUKAS, „UND DAS IST KLODETTE."

Zuhause erzählt Paul: „Heute habe ich eine Strafarbeit bekommen, obwohl ich einen Streich von Maxi verhindert habe!" Der Vater ist empört: „Da ruft das ja nicht. Dann erzähl mal, wie es genau war." – „Der Maxi hat dem Tropisch eine Reißzwecke auf den Stuhl gelegt. Ich hab aber, als der sich setzen wollte, ganz schnell im letzten Moment den Stuhl weggezogen."

Herr Kellermann kommt aus dem Biologiesaal und stößt mit einem Mann mit dickem Bauch zusammen. „Erwarten Sie ein Kind?" – „Nein, ich bin immer so dick, Sie unverschämter Flegel!"

Live aus dem Klassenzimmer

Während des Religionsunterrichts erzählt die Lehrerin die Geschichte von Adam und Eva: „Und dann nahm Gott Adam eine Rippe heraus und sagte: Aus der Rippe will ich dir eine Gefährtin machen." In der hinteren Bank fängt Ben an zu kichern: „Na, wenn in dem Moment mein Schäferhund vorbeigekommen wäre…"

Physikarbeit von Paul: „Du wusstest ja nicht einmal, was ein Vakuum ist!" Der mault zurück: „Man kann doch nicht alles im Kopf haben!"

DER NEUE SCHÜLER WIRD AUF DEN FREIEN PLATZ NEBEN LUKAS GESETZT. NACH ZWEI NICHT ENDEN WOLLENDEN DEUTSCHSTUNDEN BEI FRAU BÜCHLEIN, FRAGT DER NEUE: „MACHT IHR EIGENTLICH AUCH MAL PAUSE?" LUKAS SCHÜTTELT DEN KOPF: „WIR SCHLAFEN MEISTENS DURCH."

Paul, auch als Raufbold bekannt, wird von Herrn Staubig aus seinen Gedanken gerissen: „Also, wer hat denn nun Napoleon geschlagen, Paul?" Dieser beteuert: „Diesmal war ich es wirklich nicht, Ehrenwort!"

Frau Büchlein möchte die Schüler ein Gedicht über die Jahreszeiten schreiben lassen. „Jeder Monat hat eine besondere Eigenschaft. Der neblige November, der bunte Oktober..." Da tönt es mal wieder aus der letzten Reihe: „Der dumme August!"

„Maxi, lernst du gerade oder träumst du wieder vor dich hin?", heischt Biolehrer Kellermann seinen Schüler an, der schuldbewusst stottert: „Weder noch, Herr Kellermann, ich höre die ganze Zeit zu!"

Im Physikunterricht. „Wo liegt denn der Unterschied zwischen der Sonne und künstlichem Licht wie bei einer Taschenlampe?" Begeistert meldet sich Paul: „Die Sonne braucht halt keine Batterien."

PFARRER HIMMELREICH WILL SEINEN SCHÜLERN DIE HEILIGEN SAKRAMENTE ERKLÄREN, DOCH TIM WINKT AB: „DIE SIND AUS. DIE LETZTEN HAT MEIN ONKEL OLAF LETZTEN DIENSTAG BEKOMMEN."

Stille herrscht im Klassenzimmer, während die Schüler über der Mathearbeit brüten. Plötzlich schreit Herr Wimmer los: „Lukas, warum starrst du denn so angestrengt auf Tims Blatt?!" Darauf Lukas recht ungerührt: „Na, der hat so eine Sauklaue, das kann man nicht so einfach entziffern."

Herr Wimmer schimpft: „Also, entweder bekomme ich hier falsche Antworten oder ihr antwortet mit einer Gegenfrage. So kommen wir doch nicht weiter!"
Darauf Tim, sehr bedächtig: „Tun wir das denn wirklich, Herr Wimmer?"

„Liebe Lena, bitte nenne mir alle Zeitformen von essen", bittet Frau Büchlein. Lena leiert gelangweilt: „ich esse, ich aß, ich habe gegessen, ich werde dick werden."

Pfarrer Himmelreich möchte seinen Schülern zeigen, dass es auch heute noch Wunder geben kann, doch er findet in Lukas seinen größten Zweifler: „Nun Lukas, wie würdest du es nennen, wenn der Dachdecker vom Dach eines Hauses fällt und unverletzt bleibt?" – „Einen Unfall." „Und wenn er ein zweites Mal stürzt, was ist es dann?" Die Antwort kommt ohne zu überlegen. „Natürlich Glück." Himmelreich wird langsam ungeduldig. „Und nun geht er nach Hause und stürzt hier noch die Treppe hinunter ohne einen Kratzer abzubekommen?" Lukas zuckt unbeeindruckt mit den Schultern: „Bei dem Dachdecker ist es wohl schon Gewohnheitssache…"

Frau Büchlein ermahnt Paul zum wiederholten Male: „Hast du denn keine Ohren, Paul? Wie oft soll ich dir denn noch sagen, dass du nicht ständig mit dem Stuhl wippen sollst." Er schaut sie mit hochgezogenen Augenbrauen an: „Und wie soll wippen mit den Ohren funktionieren?"

Maxi steht mit seinem Aufsatzheft vor Frau Büchlein: „Entschuldigen Sie, was haben Sie hier unter meinen Aufsatz geschrieben?" – „Schreibe in Zukunft deutlicher!"

IN DER LETZTEN REIHE BEIM EDV UNTERRICHT: „HEY LUKAS, KENNSTE DEN SCHON? WAS MACHT EIN PIRAT AM COMPUTER? – NATÜRLICH DIE ENTERTASTE DRÜCKEN."

Leicht verlegen beginnt Biolehrer Kellermann seinen Unterricht. „Heute möchte ich ein neues Thema mit euch beginnen. Es geht um die menschliche Sexualität. Viele werden vielleicht peinlich berührt sein, und manches wird euch ganz neu sein, aber es gibt nichts, wofür ihr euch schämen müsst. Manche von euch...", stottert er herum. Da unterbricht ihn Lukas. „Und alle, die gerade 'ne feste Freundin haben, dürfen die draußen Basketball spielen?"

Die neue Referendarin stellt sich der Klasse vor. Noch etwas schüchtern erklärt sie: „Guten Morgen, mein Name ist Lang." Tim lächelt sich aufmunternd an. „Macht gar nichts. Wir haben hier immer massig Zeit."

Ein neuer Schüler aus Oberbayern ist in die Klasse gekommen. Herr Wimmer bittet ihn: „Bitte stelle dich der Klasse doch einmal vor." – „Also, ich heisse Felix. F wie Vogelhäuschen, E wie Ehlbohrinsl, L wie Lektrischs Licht, I wie Ibermorgen und X wie Xundheit."

Erdkundelehrer Tropisch schaut auf die gelangweilte Schülerschar vor ihm. „Kann mir denn irgendeiner von euch sagen, wo die Straße von Gibraltar ist – Ben?" Dieser, leicht verwirrt: „Straße... wer wohnt denn da?"

Biologietest. Die Aufgabe lautet: Welches ist das wichtigste Sinnesorgan. Begründe. Hier die Antwort von Maxi: Ob es das wichtigste ist, weiß ich nicht, aber die Nase ist sehr komisch. Sie hat den Rücken vorne, die Flügel unten und die Wurzel ganz oben.

Im Sportunterricht brüllt Herr Butt: „Los jetzt, alle auf den Rücken, Beine in die Höhe und zehn Minuten Radfahren!" Nach wenigen Minuten läuft den Kindern der Schweiß über das Gesicht. Nur Maxi liegt bequem auf dem Boden und lächelt. „Was glaubst du, was du da machst?", schreit Butt. – „Oh, ich fahre gerade bergab."

Biolehrer Kellermann ist heute wieder ganz besonders witzig: „Na, und die Seeschlangen heissen so, weil sie bestimmt besonders gut sehen, hahaha." Darauf Tim gelangweilt: „Ja, und wenn sie kurzsichtig sind, heissen sie Brillenschlangen und wenn sie gar nichts mehr sehen, sind es Blindschleichen."

Bei der Gedichtinterpretation fragt Deutschlehrerin Frau Büchlein: „Was versteht Goethe denn unter Morgengrauen?" Lena lacht bitter auf und antwortet: „Bei Goethe weiß ich es nicht, aber ich hab das immer von Montag bis Freitag außer in den Ferien."

Ganz schön clever

MAXIS MUTTER HAT ZWILLINGE BEKOMMEN. FREUDESTRAHLEND BERICHTET ER IHR, DASS ER IN DER SCHULE VON SEINEM KLEINEN BRUDER ERZÄHLT HAT UND DAFÜR EINEN TAG FREI BEKOMMEN HAT. VERWUNDERT FRAGT IHN DIE MUTTER: „ABER WARUM HAST DU NICHT GESAGT, DASS ES ZWILLINGE SIND?" – „NA, DEN ANDEREN BRUDER HEB ICH MIR FÜR EINE DOPPELSTUNDE MATHE AUF."

Deutschlehrerin Büchlein bittet die Schüler: „Bilde nun einen sinnvollen Satz mit Samen und säen." Sofort meldet sich Tim: „Guten Tag zusamen, es ist sehr schön, Sie hier zu säen."

Pluralbildungen: „Kannst du mir die Mehrzahl von Lebensgefahr nennen?" – „Klar, Lebensgefährtin."

„Was möchtest du denn mal machen, wenn du gross bist, Bernd?" – „Ich will eine Maschine erfinden, die für mich zur Schule geht und die blöden Hausaufgaben macht." – „Und was möchtest du später einmal werden, Klaus?" – „Auch Erfinder! Ich erfinde dann eine Maschine, die die Maschine von Bernd bedient."

„Herr Wimmer, was ist denn fünf Packen Zement minus vier Packen Zement?" – „Also, das solltest du nun wirklich selber wissen – natürlich ein Packen… Moment! Wo wollt ihr denn alle hin?"

Es hat seit Tagen geregnet; draußen ist alles matschig und dreckig. Nach der Pause fragt Herr Wimmer die Klasse: „Habt ihr euch auch alle die Schuhe draußen auf der Matte abgewischt?" Einhellige Zustimmung bei den Schülern. „So, dann nehmt zur Strafe mal euer Heft raus, wir schreiben jetzt eine Probe!" Ben empört sich: „Wofür wollen Sie uns denn bestrafen?" – „Für's Lügen; draußen liegt gar keine Matte."

„ANONYM BEDEUTET, DASS JEMAND NICHT ERKANNT WERDEN WILL. WER KANN MIR DENN EIN BEISPIEL GEBEN, WO JEMAND ANONYM BLEIBEN WILL?" IN DIESEM MOMENT SAUST EIN PAPIERKÜGELCHEN AN IHREM KOPF VORBEI. WÜTEND VERLANGT SIE: „ICH WILL SOFORT WISSEN, WER DAS WAR!" TIM SCHÜTTELT BEDAUERND DEN KOPF: „ICH DENKE, DER WIRD WOHL ANONYM BLEIBEN."

Frau Büchlein hat einen langen Merksatz an die Tafel geschrieben, den die Schüler doch nun bitte in ihr Heft übertragen sollen. Sogleich beginnen alle zu schreiben, nur Lukas sitzt gelangweilt auf seinem Platz und dreht Däumchen. „Lukas, bitte schreibe den Merksatz ab", verlangt Frau Büchlein, doch Lukas zuckt nur mit den Schultern und erwidert: „Ganz sicher nicht. Als ich beim letzten Mal abgeschrieben habe, haben Sie mir gesagt, dass Sie mir in Deutsch eine Sechs geben, wenn Sie mich noch mal dabei erwischen!"

Ein erneuter Versuch von Biologielehrer Kellermann, witzig zu sein: „Nun, Tim, warum sieht man denn nie Nilpferde, die sich in Bäumen verstecken?" Der, ganz selbstbewusst: „Die können das eben richtig, richtig gut."

Lustige Fragestunde im Biologieunterricht bei Herrn Kellermann. „Und, wer weiß denn von euch, warum Bienen summen?" Wie aus der Pistole geschossen kommt die Antwort aus der letzten Reihe: „Die haben wohl den Text vergessen!"

LUSTIGE FAKTEN AUS DEM BIOLOGIEUNTERRICHT. WIEDER VERSUCHT BIOLEHRER KELLERMANN SEINEN UNTERRICHT MIT EINER MOTIVIERENDEN FRAGE INTERESSANTER ZU GESTALTEN: „UND, WELCHES TIER BRAUCHT DENN BESONDERS WENIG NAHRUNG?" LUKAS VERMUTET: „DIE MOTTE; DIE FRISST DOCH NUR LÖCHER."

Augenzwinkernd fragt Herr Kellermann seine Schüler: "Warum müssen Giraffen nun so einen langen Hals haben?" Lukas schiesst zurück: "Wär ja blöd, wenn der kurz wäre, wo doch der Kopf so weit oben ist!"

Herr Brom zeigt seinen Schülern heute die Beschaffenheit von Metallen. "Was glaubt ihr? Wenn ich meine zwei Euro hier in diese Säure werfe, lösen die sich dann auf?" – "Bestimmt nicht", vermutet Paul. "Nicht bei Ihrem Jahresgehalt."

Knapp daneben ist auch vorbei

Im Biologieunterricht wird Maxi mal wieder ausgefragt: „Zu welcher Familie gehören die Kakerlaken?" Entrüstet schaut er Lehrer Kellermann an: „Woher soll ich das wissen, in meinem Bekanntenkreis gibt es nur Hunde oder Meerschweinchen."

Lena kommt im Geschichtsunterricht beim Ausfüllen ihres Arbeitsblatts nicht ganz mit: „Entschuldigung, Herr Staubig, wie lange dauerte jetzt noch mal der Dreißigjährige Krieg?"

Religionslehrer Himmelreich sieht Maxi inbrünstig betend auf dem Schulhof knien. Er tritt zu ihm und legt ihm seine Hand aufs Haupt: „Sag, Maxi, wofür betest du denn, du frommes Kind?" – „Dass der liebe Gott Rom zur Hauptstadt von Frankreich macht." Pfarrer Himmelreich blickt ihn entrüstet an: „Warum willst du denn unseren lieben Herrgott mit so etwas Dummen behelligen?" – „Was heisst hier dumm? Das war meine Antwort im Erdkundetest…"

Ben sitzt bei den Hausaufgaben: „Du Opa, heißt es eigentlich schlag mich oder schlag mir?" – „Natürlich schlag mich!" Ben ist noch nicht ganz überzeugt: „Also, dann schlag mich doch bitte mal das Buch auf?"

Biolehrer Kellermann bei seiner Lieblingsbeschäftigung: „Also, warum haben Fische Schuppen?" Tim vermutet: „Weil sie kein vernünftiges Shampoo dagegen haben?"

MATHELEHRER WIMMER FRAGT PAUL AN DER TAFEL AUS. NACHDEM DIESER MAL WIEDER VÖLLIG VERSAGT HAT, MEINT DER LEHRER: „DA HOFFE ICH, DASS ES BEI DEN FREMDSPRACHEN BESSER AUSSIEHT ALS HIER." PAUL ANTWORTET UNBEKÜMMERT: „KLAR, HERR WIMMER, MAL VOM DEUTSCHEN ABGESEHEN, SIND MIR ALLE SPRACHEN FREMD."

VORGANGSBESCHREIBUNG BEI FRAU BÜCHLEIN: „ICH GEBE EUCH NUN EIN REZEPT UND DAZU SCHREIBT IHR DANN BITTE EINE VORGANGSBESCHREIBUNG. ACHTET BITTE AUF PASSENDE SATZANFÄNGE." DANN SCHREIBT DIE DEUTSCHLEHRERIN AN DIE TAFEL: DU BRAUCHST $1/4$ SAHNE, $3/4$ BUTTER, $1/2$ BLUMENKOHL…" DA MELDET SICH PAUL: „ÄHH, FRAU BÜCHLEIN, DAS SIND DANN ABER SCHON $5/4$." – „ACH SO? NA, DANN SCHREIBT DOCH NOCH, DASS MAN EINEN GROSSEN TOPF BRAUCHT."

HERR WIMMER SITZT AM PULT UND VERGRÄBT SEIN GESICHT IN DEN HÄNDEN: „ICH WEISS NICHT MEHR, WAS ICH EUCH NOCH BEIBRINGEN KANN; ICH BIN MIT MEINEM LATEIN AM ENDE!" MAXI ANTWORTET TRÖSTEND: „ABER HERR WIMMER, DAS MACHT DOCH NICHTS; SIE SIND DOCH MATHELEHRER."

Die Sekretärin kommt zum Schulrektor: „Wirklich, Herr Direktor, wir haben hier im Büro überhaupt keinen Platz mehr. Können wir nicht die uralten Zeugnisse auslagern?" – „Ah, Frau Fleißig, das ist eine ganz hervorragende Idee; aber bitte machen Sie vorab noch Kopien davon."

Auf einem Bild sieht man Maria und Josef auf einem Esel reiten. „Nun", fragt Pfarrer Himmelreich, „warum sieht man denn hier das Jesuskind nicht?" Klaus meldet sich: „Ist doch wieder typisch; die Eltern machen so was cooles wie Eselreiten und der Sohn schwitzt wahrscheinlich in der Schule."

Herr Tropisch fragt Ben, der mal wieder nicht aufgepasst hat: „So, dann sag uns doch mal bitte, wo der Ärmelkanal zu finden ist!" Ben fährt überrascht hoch: „Tut mir leid, aber mein Vater verbietet uns Kabelfernsehen."

Deutschlehrerin Büchlein ereifert sich über den Sprachverfall der Jugend. „Es gibt Ausdrücke, die ich hier nicht mehr hören will! Das erste ist ‚geil' und das andere ist ‚bescheuert' verstanden?" Lukas schaut sie unschuldig an: „Und verraten Sie uns denn nun dieses geile Wort, das wir nicht mehr benutzen sollen, sonst ist das ja ziemlich bescheuert."

Herr Kellermann erklärt den Schülern die Körpertemperatur verschiedener Tiere: „So hat der Mensch eine durchschnittliche Körpertemperatur von 37 Grad, Rotwild bringt es schon auf 39 Grad und ein Vogel kommt auf über 40 Grad." Er unterbricht sich: „Maxi, du schaust ja schon wieder aus dem Fenster! Wiederhole doch bitte, was wir gerade besprochen haben." Maxi wir rot und stammelt: „Also, der Mensch hat 37 Grad, und wenn er rot sieht und wild wird, hat er fast 39 Grad und bei über 40 Grad bekommt er einen Vogel."

Ben wird in Englisch ausgefragt. Mister Greene: „Was ist das englische Wort für Bürgermeister?" Ben, ganz hoffungsvoll: „Burger King…"

Nach dem Erste-Hilfe-Kurs fragt Biolehrer Kellermann: „So, Maxi, was machst du denn jetzt, wenn deine Schwester eine Batterie verschluckt hat?" – „Erst mal ruhig bleiben. Wir haben immer Ersatzbatterien im Küchenschrank."

WIEDER EINMAL MÖCHTE HERR KELLERMANN SEINE SCHÜLER MIT INTERESSANTEN FAKTEN AUS DEM TIERREICH ÜBERRASCHEN. „UND WELCHE TIERE HÖREN WOHL NICHTS?" DARAUF MAXI, HOFFNUNGSVOLL: „DIE TAUBEN?"

Herr Tropisch erklärt die Zeitzonen im Erdkundeunterricht: „Also, wenn ihr hier abends ins Bett geht, dann haben die Menschen in Kaliforniern gerade erst gefrühstückt." Lena ruft ganz empört: „Das sind dann aber ganz schön faule Leute, da in Amerika!"

Herr Wimmer wettert: „Wie kann man denn nicht verstehen, dass 50% immer die Hälfte ist, und die beiden Hälften sind immer gleich groß!" Dann winkt er ab und fährt resigniert fort: „Ach, die größere Hälfte von euch wird das wohl nie kapieren!"

Sammy kommt nach der Schule nach Hause und berichtet freudestrahlend: „Heute war ich der Beste in Bio! Ich hab gesagt, dass eine Kuh drei Beine hat!" – „Aber das ist ja falsch!" – „Ja schon, aber ich war am nächsten dran."

„Wie kommst du darauf, dass Bienen zu den Säugetieren gehören, Maxi?", fragt Herr Kellermann, während er die Biologiearbeiten zurückgibt. „Na, die saugen doch den Nektar aus den Blüten!"

Maxi liest in seinem Geschichtsbuch. Mit einem Male fängt er an zu kichern. „Herr Staubig, warum mussten Soldaten denn früher nackt sein?" Herr Staubig schaut ihn verblüfft an: „Wie kommst du denn auf so einen Unsinn, Max?" – „Aber hier im Buch steht doch: Die Soldaten waren ausgezogen, um sich dem Gegner zu stellen."

„Aber Paul, du hast dir heute nicht das Gesicht gewaschen. Da sieht man ja noch Tomatensauce von gestern am Kinn", klagt Frau Büchlein während der Deutschstunde. Paul grinst übers ganze Gesicht: „Haha, reingefallen Frau Büchlein. Tomatensauce gab's bei uns vorgestern."

Maxi steht im Biologieunterricht vor dem Modell des menschlichen Ohrs und schwitzt. Erwartungsvoll schaut ihn der Biolehrer an. „Kannst du uns denn gar nichts dazu sagen? Wozu brauchen wir denn die Ohren?" Doch auch hier kommt als Antwort nur hilfloses Gestammel; dann: „Ähh, damit wir besser sehen?" Da kommt Hilfe aus der letzten Reihe: „Ganz genau; ohne die Ohren würde ja der Hut ständig über die Augen rutschen!"

„Frau Büchlein, ich kann morgen leider nicht in die Schule kommen; mein Großvater wird beerdigt." – „Jetzt reicht's mir aber, Lena. Diese Entschuldigung hast du bestimmt schon sechs Mal benutzt; hältst du uns eigentlich für blöd?" Lena schaut sie verletzt an: „Ich kann doch nichts dafür, dass meine Oma immer wieder heiratet."

Bastian kommt genervt nach Hause. „Der Wimmer hat mir schon wieder eine Sechs reingewürgt!" Die Mutter ist ganz aufgeregt: „Aber wie kann das sein; schliesslich wiederholst du doch das Schuljahr!" – „Und da wunderst du dich? Die gleiche Klasse, der gleiche Stoff und auch noch der gleiche Lehrer? Das musste ja schiefgehen."

Lena kommt empört nach Hause und schimpft: „Meine Kunstlehrerin ist so blöd; da geh' ich nicht mehr hin. Die weiß ja nicht mal, wie 'ne Katze aussieht!" Ihre Mutter schaut sie fragend an: „Aber wie kommst du denn darauf?" – „Ich habe heute eine Katzenfamilie gemalt und da sagt die zu mir, dass Ferkel keinen so langen Schwanz haben!"

Erdkundelehrer Tropisch berichtet: "Viele Länder drohen, im Meer zu versinken. Viele Menschen machen sich große Sorgen, so auch in Venedig, das langsam ins Meer sinkt." Da meldet sich Lena: "Die sollten sich mal ein Beispiel an Mainz nehmen, das sinkt und lacht…"

Chemielehrer Brom erklärt: "Bei Wärme dehnen sich Dinge aus und bei Kälte ziehen sich Dinge zusammen. Allgemeines Kichern ist die Folge, bis Maxi begeistert ausruft: "Ah, jetzt hab ich es kapiert. Das ist wie mit den Tagen. Die sind im Winter auch kürzer als im Sommer!"

"Wer kann mir denn sagen, wo Bordeaux liegt?" – "In Papas Weinkeller ganz rechts."

HERR TROPISCH MÖCHTE VON DEN SCHÜLERN WISSEN, WIE EIN GEWITTER ENTSTEHT. BETRETENES SCHWEIGEN IST DIE ANTWORT. ENDLICH MELDET SICH LENA: "GEWITTER ENTSTEHEN IN MEINER OMA. IMMER WENN EINS KOMMT, SAGT SIE, DASS SIE ES TAGELANG SCHON IN DEN KNOCHEN GESPÜRT HAT."

Am Morgen klingelt im Schulsekretariat das Telefon. Eine Stimme sagt: "Ich möchte Ben für heute entschuldigen." – "Und wer ist bitte am Apparat?" – "Mein Vater."

„PAUL, BEI DIESEN HAUSAUFGABEN HAT DIR DOCH DER PAPA GEHOLFEN, UND LÜG MICH JETZT BLOSS NICHT WIEDER AN!", WETTERT HERR WIMMER IN DER MATHESTUNDE. „ICH HAB SIE NICHT ANGELOGEN", SCHREIT PAUL ZURÜCK. „ES WAR MEINE MAMA, UND AUSSERDEM HAT SIE SIE GANZ ALLEINE GEMACHT!"

In Erdkunde erklärt Herr Tropisch gerade, dass es bis Italien ungefähr 1000 Kilometer sind. Empört meldet sich Britta: „Dann hat Giuseppe aber gelogen! Er hat gesagt, dass er aus Italien kommt, dabei fährt er immer mit dem Roller in die Schule!"

Paula ist besonders schlecht in Biologie. Wieder einmal weiß sie die Antwort nicht: „Also, wie nennt man denn nun Lebewesen, die sowohl im Wasser als auch auf Land zu finden sind?" Von hinten hört man eine Stimme: „Badegäste."

DISKUSSION IN DER LETZTEN REIHE: „MENSCH, DER WIMMER KANN SICH ABER AUCH NICHT ENTSCHEIDEN; GESTERN HAT ER UNS NOCH ERZÄHLT, 7+7 WÄRE 14. HEUTE IST ES PLÖTZLICH 8+6!"

Vokabelabfrage im Englischunterricht. Mister Greene: „Und was heißt Glocke auf Englisch?" – „Sorry, I don't know." – „Bell!" – „Wuff wuff!"

Frau Büchlein erklärt den Schülern während des Deutschunterrichts: „Ihr Lieben, man tut nicht. Du tust nicht singen, sondern du singst und er tut auch nicht Fußballspielen, sondern er spielt Fußball." Daraufhin meldet sich der stille Karl: „Entschuldigung, kann ich bitte raus gehen, mein Bauch weht…"

WÄHREND DES ERDKUNDEUNTERRICHTS WILL DER LEHRER TROPISCH WISSEN: „WENN JETZT SO VIELE FLÜSSE INS MEER FLIESSEN, UND ES ZUDEM JA AUCH NOCH REGNET, WIE KOMMT ES DANN, DASS DIE MEERE NICHT ÜBERFLIESSEN?" AHNUNGSLOSES SCHWEIGEN IST DIE ANTWORT. DANN TRAUT SICH BEN: „NA, VIELLEICHT TRINKEN DIE GANZEN FISCHE JA SO VIEL."

Lena ist gerade im Begriff, ihr nicht sehr appetitliches Pausenbrot in den Mülleimer zu werfen, als Frau Büchlein sie aufhält und anfährt: „Ist dir eigentlich klar, wie dankbar manche Kinder auch nur für die Hälfte deines Brotes wären?" Missmutig murrt Lena mit Blick auf ihr grosses Pausenbrot: „Nicht nur die…"

„Hat jemand eine Idee, warum wir unsere Sprache auch Muttersprache nennen?", werden die Schüler in Sozialkunde gefragt. Mona platzt heraus: „Weil Väter einfach nichts zu sagen haben!"

Herr Tropisch fragt in der Klasse: „Wer, glaubt ihr, übernimmt eine wichtigere Aufgabe für die Erde, die Sonne oder der Mond?" Nach kurzem Überlegen meldet sich Lena: „Der Mond. Der scheint zumindest wenn es dunkel ist. Am Tag ist es ja eh schon hell!"

Herr Staubig möchte wissen, gegen wen Achilles in Troja der Sage nach gekämpft hat. Paul meldet sich zur Überraschung aller. „Ich glaub, es war Mars, nein, Nero, oder warte, Brutus… oder doch Hektor? Auf jeden Fall war es einer unserer Dobermänner."

Gut gekontert

Mathelehrer Wimmer hält Lukas sein vollgeschmiertes Heft vor die Nase: „Warum, glaubst du wohl, habe ich gestern zu dir kleines Schwein gesagt?" Lukas blickt ihn freundlich an: „Wahrscheinlich, weil ich noch nicht so groß bin wie Sie."

Frau Büchlein steht erwartungsvoll vor der Klasse und fragt in die Runde: „Wer kann mir denn die fünf Sinne nennen, die wir beim Lernen in der Schule nutzen?" Lukas, wie aus der Pistole geschossen: „Unsinn, Schwachsinn, Blödsinn, Trübsinn und sinnlos."

Mathelehrer Wimmer gibt die Mathearbeiten zurück. Mit drohendem Gesichtsausdruck bleibt er vor Tim und Lukas stehen: „Wie kann es denn sein, dass ihr genau die gleichen Fehler habt? Könnt ihr mir das mal erklären?" Lukas lächelt ihn ganz unbeeindruckt an: „Klar, wir haben ja auch den gleichen Lehrer."

Erdkunde bei Herrn Tropisch: „Woran kann man denn erkennen, dass Ebbe ist?" Lukas schlägt vor: „Daran, dass es beim Rudern staubt?"

„Ja Maxi, wie siehst du denn schon wieder aus? Mit so einer dreckigen Hose kommt man doch nicht in die Schule!" – „Tut mir leid, Frau Büchlein, aber ich bin leider so schnell gefallen, dass keine Zeit blieb, sie vorher auszuziehen."

Biolehrer Kellermann, bekannt für seinen Humor, fragt die Schüler schelmisch: „Und, kann sich jemand etwas Schlimmeres vorstellen als eine Giraffe mit Halsschmerzen?" Darauf Tim: „Klar, ein Neunauge mit Sehschwäche!"

LUKAS LÜMMELT VOR DER KLASSE RUM, WÄHREND DRINNEN EIN RIESENRADAU HERRSCHT. DA NÄHERT SICH DER DIREKTOR: „JA, WAS MACHST DU DENN HIER AUF DEM GANG, WENN ICH FRAGEN DARF UND WAS GEHT DA IN DER KLASSE VOR SICH?" LUKAS ANTWORTET UNBEEINDRUCKT: „DAS IST EIN NEUES UMWELTPROJEKT. ES NENNT SICH: OB DIE LUFT REIN IST."

Tim ist gerade im Begriff, sein Pausenbrot wegzuschmeißen, als ihn sein Biolehrer anspricht: „Du weißt doch, wenn du aufisst, scheint morgen die Sonne!" Tim lässt das Brot in den Mülleimer fallen: „Ganz genau, und das ist mein Beitrag zur Vermeidung der Klimaerwärmung."

Frau Büchlein hat mal wieder Bens Deutschheft in der Hand und klagt vor der ganzen Klasse: „Also wirklich, Ben. Als ich halb so alt wie du war, konnte ich schon viel besser schreiben!" Darauf Tim verständnisvoll: „Da hatten Sie wohl eine gute Lehrerin..."

Mathelehrer Wimmer schäumt. Lukas hat mal wieder keine Hausaufgaben: „Und welche Ausrede hast du diesmal für mich?" Lukas schaut ihn gekränkt an: „Was heißt hier Ausrede? Ich kann doch nichts dafür, dass der Solartaschenrechner bei dem Sauwetter gestern nicht funktioniert hat!"

Wieder einmal steht Frau Büchlein mit dem Deutschheft vor Ben, der mit roten Ohren angestrengt auf sein Mäppchen starrt: „Wie kann man denn bitte Fisch mit V schreiben?" Da mischt sich Tim ein: „Blöde Frage; na mit dem Vüller."

Biolehrer Kellermann erwischt Lukas beim Dösen. Streng fragt er: „Auf welcher Seite liegt denn nun das Herz des Menschen?" Dieser hebt nur kurz seinen Kopf und antwortet: „Na hoffentlich auf der Innenseite."

Frau Büchlein lässt heute ein Diktat schreiben. Fürsorglich erkundigt sie sich immer wieder: „Kommt ihr auch mit?" Nach dem vierten Mal fragt Lukas genervt: „Wohin sollen wir denn bitte mitkommen?"

Frau Büchlein hat mal wieder Bens Aufsatzheft in der Hand. „Erkläre mir doch bitte, warum du Vogelkäfig mit F und Bindestrich schreibst?" Tim für seinen besten Freund: „Na, weil der Vogel Futter braucht und eine Stange zum Hinhocken."

„Wenn dein Vater wüsste, wie blöd du dich in Mathe anstellst, würde er wahrscheinlich graue Haare bekommen!", schimpft Herr Wimmer genervt. Lukas antwortet ganz begeistert: „Prima, da freut sich mein Vater, der hat nämlich eine Glatze."

Ben hat Tränen in den Augen. Vor ihm steht die Deutschlehrerin Frau Büchlein mit seinem Aufsatzheft in der Hand und schimpft: „Sag mal, hast du überhaupt schon mal was von Rechtschreibung gehört?" Da unterbricht sie Tim in bestimmtem Tonfall: „Die gilt nicht für Ben. Der ist doch Linkshänder!"

MATHELEHRER WIMMER STEHT VORNE AN DER TAFEL: „LENA, VIELLEICHT KANNST DU MAL AUFHÖREN, HERZCHEN AUF DEIN HEFT ZU MALEN UND ERKLÄREN, WARUM SICH DIESE PARALLELEN LINIEN NIE TREFFEN." LENA SCHAUT IHN GENERVT AN: „VIELLEICHT KÖNNEN SIE SICH EINFACH NICHT LEIDEN!"

Lukas hat mal wieder seine Mathehausaufgaben vergessen. Sein Lehrer Herr Wimmer donnert los: „Weißt du, was du dir damit verdient hast?" Doch Lukas winkt ganz bescheiden ab: „Ach Herr Wimmer, ich bin doch in der Schule, um etwas zu lernen und nicht um etwas zu bekommen."

Frau Büchlein steht mit Bens Rechtschreibheft vor der Klasse und lamentiert: „Wie kann man denn Vase und Vogel mit Ph am Anfang schreiben?" Da mischt sich Tim ein: „Vielleicht ist das V an Bens Füller ja kaputt?"

Herr Wimmer regt sich mal wieder über das Nicht-Wissen seiner Matheschüler auf. „Bei euch vergeht mir wirklich jeglicher Humor, dabei muss ich sonst immer lachen, wenn ich dumme Gesichter sehe!" Lukas darauf gar nicht so leise zu Tim: „Und wie rasiert der sich dann am Morgen vorm Spiegel?"

Frau Büchlein lässt heute einen Aufsatz mit dem Thema: Wenn ich ein Direktor wäre schreiben. Schon bald flitzen die Stifte über die Seiten, nur Lukas sitzt bequem auf seinem Stuhl und starrt aus dem Fenster. „Willst du nicht auch langsam anfangen, Lukas?", fragt Frau Büchlein gereizt. Doch Lukas schüttelt den Kopf: „Nein danke, ich warte noch auf die Sekretärin."

Der Hausmeister erwischt Lukas, Tim und Ben mal wieder in der Nähe des Schulgartens. „Wie oft soll ich euch denn noch sagen, dass ihr die Erdbeeren von der 4b in Ruhe lassen sollt?" Ben schluckt runter und antwortet: „Gar nicht mehr; jetzt sind eh keine mehr dran."

„Lukas!", donnert Herr Wimmer. „Du hast schon wieder in der Mathestunde geschlafen!" Lukas schaut ihn treuherzig an: „Aber ich habe die ganze Zeit von der Schule geträumt."

WEIHNACHTEN STEHT VOR DER TÜR. IM KUNSTUNTERRICHT GIBT DIE LEHRERIN DEN AUFTRAG: „MALT DOCH BITTE EIN BILD ZUR WEIHNACHTSGESCHICHTE, DAS WIR DANN WÄHREND DER WEIH-NACHTSFEIER DEN ELTERN ZEIGEN. ALSO GEBT EUCH BITTE MÜHE. ALS SIE ZUM ENDE DER STUNDE DURCH DIE REIHEN GEHT, BLEIBT SIE VOR BENS PLATZ STEHEN, HÄLT SEIN BILD HOCH UND SCHIMPFT. „HAT EINER VON EUCH SCHON MAL EINEN ENGEL MIT DREI FLÜGELN GESEHEN?" DARAUF BENS KUMPEL TIM: „WIESO? HABEN SIE SCHON MAL EINEN MIT ZWEI FLÜGELN GESEHEN?"

FRAU BÜCHLEIN STEHT WIE ÜBLICH MIT DEM DEUTSCHHEFT VOR BEN UND SCHIMPFT: „BEN, DAS IST JA EIN RIESENTINTENFLECK HIER IN DEINEM HEFT! MAN KANN JA GAR NICHTS MEHR LESEN!" BEN VERTEIDIGT SICH: „ABER SIE HABEN DOCH GESAGT, DASS WIR JETZT FÜR JEDEN FLECK EINE SEITE ABSCHREIBEN MÜSSEN, UND DA HAB ICH HALT AUS DEN GANZEN KLEINEN EINEN GROSSEN GEMACHT."

Frau Büchlein erwischt Lukas und Tim beim Abschreiben. Enttäuscht ermahnt sie die beiden: „Ich möchte euch wirklich nicht mehr beim Abschreiben erwischen." Tim nickt zustimmend: „Frau Büchlein, da kann ich Ihnen nur zustimmen! Auch ich möchte nicht mehr, dass Sie uns beim Abschreiben erwischen."

Im Chemieunterricht sagt der Lehrer mit hinterhältigem Grinsen: „So, heute finden wir heraus, warum wir Pupse nicht nur hören, sondern auch riechen können!" Tim winkt gelangweilt ab. „Das weiß doch jeder; damit Taube auch was davon haben."

Deutschlehrerin Frau Büchlein lässt sich mal wieder über Bens ungewaschene Hände aus. Sie nimmt seinen rechten Arm und hält ihn hoch: „Also wirklich, wer mir eine Hand zeigen kann, die noch schmutziger ist als diese, bekommt heute keine Hausaufgaben!" Grinsend hebt Ben seine linke hoch.

Herr Wimmer schreibt zu Beginn der Doppelstunde eine lange, komplizierte Aufgabe an die Tafel. Mit einem gehässigen Grinsen wendet er sich an Lukas, der gerade seinen Heftrand mit Kritzeleien verziert: „Naaa, Lukas? Und wie löse ich die Aufgabe jetzt?" – Lukas, ganz mitleidig: „Tja, Herr Wimmer, wenn Sie das in Ihrem Alter noch nicht wissen, kann ich Ihnen auch nicht helfen."

Heute geht es im Matheunterricht bei Herrn Wimmer um Längen und Maße. „Sag mal, Lukas, wie hoch, glaubst du, ist unsere Schule?" „Ich würd' mal sagen... so ein Meter vierzig." Herr Wimmer schaut ihn irritiert an. „Wie kommst Du denn darauf?" – „Also, ich bin 1,55 m groß, und die Schule steht mir bis zum Hals!"

Geschichtsstunde bei Herrn Staubig: "Nun Maxi, von wem wurde Cäsar denn nun ermordet?" Maxi plustert sich auf: "Herr Staubig, ich bin ja vieles, aber keine Petze!"

HERR TROPISCH BESPRICHT HEUTE IN ERDKUNDE DIE GROSSEN METROPOLEN DER WELT: „NUN... LUKAS, WIE HEISSEN DENN DIE MENSCHEN, DIE IN TOKIO LEBEN?" LUKAS IN ENTRÜSTETEM TON: „ALSO WIRKLICH, HERR TROPISCH! WIE SOLL ICH WISSEN, WIE DIE GANZEN 34 MILLIONEN MENSCHEN HEISSEN, DIE DA WOHNEN?"

Um die neue Referendarin so richtig in der Klasse zu begrüssen, haben sich alle Schüler statt auf ihre Stühle auf die Heizungen unterm Fenster gesetzt und warten jetzt gespannt auf die Reaktion. Die junge Frau schaut sie alle der Reihe nach an und sagt: „So, wenn die Höschen dann wieder trocken sind, könnt ihr euch auf eure Plätze setzen."

Herr Wimmer hält ein Blatt Papier hoch und zerreißt es dann in vier Teile: „So, nun habe ich vier Viertel; und wenn ich es in acht gleichgroße Stücke zerreiße habe ich acht Achtel und was habe ich, wenn ich es in 1000 Teilchen zerreiße?" Lukas ruft: „ 'Ne Menge Geduld und dann prima Konfetti!"

Die etwas andere Schule

Josef geht mit seinem Flötenkoffer zum Unterricht. Als er den Koffer aufmacht, beginnt er zu lachen. In dem Koffer liegt eine grosse Knarre. „Aber Junge, das ist doch gefährlich! Darüber lacht man nicht!", äussert sich der Lehrer. Aber Josef antwortet: „Eigentlich nicht, aber wenn ich bedenke, dass mein Vater jetzt mit meiner Flöte den Banküberfall bestreiten muss...!"

Der Klassenlehrer ruft die Schüler einzeln auf: „Erfan Al Akhzeri?" – „Hier!" – „Achmed El Hashimzari?" – „Jepp!" – „Ist Housna Sel Krafni auch da?" – „Ja, hier." – „Jevjgeni Krtabownji?" – „Anwesend!" – „El Izab Ethgru Ber?" – Niemand meldet sich. „El Izab Ethgru Ber?", diesmal schon lauter. „Nun gut, nochmal: ist El Izab Ethgru Ber anwesend?" Da meldet sich ein kleines Mädchen schüchtern: „Das könnte ich sein, aber die meisten nennen mich einfach Elisabeth Gruber."

Der neue Schüler stellt sich vor: „Hallo, mein Name ist Hassan und ich komme aus Afghanistan." Der Lehrer fragt interessiert: „Und welcher Teil?" – „Oh, alle meine Teile kommen aus Afghanistan."

Kevin und Raul stehen nach Schulschluss an der Bushaltestelle. „Mit welchem Bus fährst du?", fragt Kevin seinen Mitschüler. „Ich fahr immer mit der Linie drei und welchen Bus nimmst du?" – „Ich nehme den Fünfer." Nach einer Weile kommt der Bus mit der Nummer 35. Kevin wendet sich begeistert an Raul: „Mensch super, heute können wir zusammen fahren!"

Die Oma möchte von ihren drei Enkeln wissen, wie sie sich in der Schule machen. Der älteste ruft stolz: „Ich bin der Erste in Mathe in meiner Klasse!" Da ruft der Zweite: „Und ich bin der Erste bei uns in Französisch!" Nur der Linus druckst ein wenig herum, doch dann hellt sich sein Gesicht auf: „Und ich bin immer der Erste in der Pause!"

Frau Schluckauf sitzt bei dem Mathelehrer in der Sprechstunde. „Ich flehe Sie an, bitte achten Sie ein bisschen mehr auf die Art der Aufgaben, die Sie den Kindern mit nach Hause geben. Gestern hieß es, dass eine Kiste Bier fünf Euro kostet und da konnte mein Mann die ganze Nacht vor Aufregung kein Auge mehr zu machen."

Heute steht die Nachprüfung in Deutsch für die Zweitklässler an. „Nun gut", beginnt der Rektor, „buchstabiere bitte einmal Tasche, Mara." – „T-A-S-C-H-E." – „Prima, du darfst in die nächste Klasse vorrücken. So, nun zu dir, Leon, buchstabiere bitte Teller." – „T-E-L-L-E-R." – „Ganz hervorragend; auch du darfst in die nächste Klasse vorrücken. So, wen haben wir denn hier? Mustafa, buchstabiere doch mal bitte Inlandsbruttoeinkommen, damit auch du in die dritte Klasse darfst..."

Lustige Fakten aus dem Tierreich: „Wie sieht denn ein Steinbutt aus?" – „Das ist ein ganz platter Fisch, Herr Kellermann." – „Und warum ist der so flach?" – „Vielleicht hätte er dem Blauwal nicht den Stuhl klauen sollen."

Heute wird mal wieder ein Ausflug gemacht. Die 5b steht am Bahnhof und wartet und wartet. Der Lehrer wird langsam nervös: "Wieso kommen denn immer nur die Züge für die erste und die zweite Klasse? Die machen doch heute gar keinen Ausflug."

Unterhalten sich zwei Oberstufenschüler: "Ich hab endlich ein eigenes Auto!" – "Wow, cool, und welche Farbe hat es?" – "Och, es hat ein ganz schönes Rostrot."

"Phillip, stell dir einmal vor, du bekommst eine Rechnung über 400 € für Kleidung; über 1200 € für den neuen Fernseher und sagen wir mal 360 € für eine neue Playstation. Wie viel musst du bezahlen?" – "Gar nix; wir ziehen dann einfach wieder um!"

Ein großer, landesweiter Schultest steht an. Der Prüfer erklärt: „Ihr habt genau 45 Minuten Zeit, danach werden keine Prüfungen mehr angenommen und die Betreffenden bekommen eine Sechs." Nach Ablauf der Zeit schreibt nur noch ein Schüler wie wild weiter und will dem Prüfer seine Arbeit 15 Minuten verspätet noch abgeben, doch dieser weigert sich. Der Schüler regt sich furchtbar auf und schreit: „Wissen Sie eigentlich, wen Sie hier vor sich haben?" Der Prüfer schüttelt verständnislos den Kopf. Schnell schiebt der Schüler seine Arbeit in den Stapel auf dem Schreibtisch und rennt weg.

Der Lehrer muss dringend über die Leistungen seines Schülers Simon reden und entschließt sich, bei ihm zu Hause vorbeizuschauen. Dort angekommen, sieht er Simon vor dem Haus sitzen. „Wo sind denn deine Eltern, Simon?" – „Die sind beide in der Arbeit." – „Ist sonst noch jemand da, vielleicht die Oma?" – „Die ist da vorne auf dem Friedhof." – „Gut, dann warte ich." Als nach einer Stunde noch niemand aufgetaucht ist, wendet sich der Lehrer erneut an Simon. „Deine Oma wird doch bald vom Friedhof zurücksein, oder?" Der Junge schaut den Lehrer entsetzt an: „Das wär aber gruselig, sie ist da immerhin schon seit drei Jahren."

Die Schulräte sind anwesend, um die junge Referendarin zu beurteilen. Während des Leseunterrichts schreibt sie an die Tafel: Viele Kinder spielen auf dem Spielplatz. Ausgerechnet Bruno, der Schlechteste im Lesen, meldet sich freiwillig. „Sie ist zwar eine miese Lehrerin, aber dafür sieht sie richtig heiss aus", liest er. Die Referendarin läuft rot an und verdonnert Bruno zu einer saftigen Strafarbeit. Darauf dreht dieser sich zu den Schulräten um und meckert: „Wenn Sie selbst schon nicht lesen können, dann sagen Sie zumindest nicht falsch vor!"

Lilly kommt völlig abgehetzt bei einer Tankstelle an. „Schnell, füllen Sie doch bitte diese fünf Trinkflaschen mit Benzin. Aber beeilen Sie sich, sonst geht das Feuer in der Schule noch aus!"

Im Klassenzimmer herrscht tosender Lärm. Als der Rektor vorbeikommt, reißt er die Tür auf und zerrt den größten Schreihals aus der Klasse in sein Büro. Nach einer Weile klopfen zwei Schüler: „Entschuldigung Herr Direktor, aber dürfen wir jetzt unseren Lehrer wiederhaben?"

Im Französischunterricht: „Heißt es nun le coeur oder la coeur, Justin?" – Also, meine Alte sagt immer Likör."

„ALSO, WENN DEIN VATER UM 8.00 UHR MORGENS MIT 120 KM/H IN RICHTUNG MÜNCHEN LOSFÄHRT UND SEIN FREUND UM 9.30 UHR IN KÖLN MIT 150 KM/H LOSFÄHRT, WO TREFFEN SICH DIE BEIDEN?" – „BEI UNS IN DER KNEIPE AN DER ECKE, DIE HABEN NÄMLICH BEIDE SCHON EWIG KEINEN FÜHRERSCHEIN MEHR."

Deutschunterricht in einer anderen Schule: „Kevin, nenne mir doch bitte einen Aussagesatz." – „Meine Alte ist voll krass." – „Schön, und nun wandle das doch bitte in eine Frage um." – „Meine Alte ist voll krass, weißt du?"

„Dann sage mir doch mal bitte, in welche Meere Rhein, Donau und Elbe fliessen, Jürgen." – „Geht nicht, ich muss auf die Toilette!" Die Lehrerin blickt ihn streng an: „Du wirst mir doch wohl vorher noch die Antwort geben können!" – „Ich muss jetzt wirklich, wirklich auf die Toilette!" – „Nein, das wirst du wohl noch aushalten können. Also wohin fliessen denn nun diese Flüsse?" Jürgen, nun ganz ergeben: „Wohin der Rhein fliesst, weiss ich nicht, aber der Fluss unter meinem Stuhl fliesst in Richtung Fenster."

Die Sonne scheint, darum öffnet der Lehrer das Fenster. Leider stolpert er dabei und stürzt hinaus. Grosses Geschrei bei den Schülern; die einen lachen, die anderen weinen. Der Rektor kommt ins Klassenzimmer gestürzt und heischt die lachenden Schüler an: „Was gibt es denn hier zu lachen?" Nach Luft japsend antwortet ein Junge: „Der Lehrer ist gerade aus dem Fenster gefallen!" Der Rektor blickt aus dem Fenster und sagt zu den weinenden Kindern: „Ihr müsst euch nicht so aufregen; es ist ihm nichts passiert!" – „Das ist uns doch egal; wir haben aber nicht gesehen, wie es passiert ist!"

Im Deutschunterricht: „Schorschi, kann man Nomen konjugieren?" – „Sicher! Magnet: I mag net, du magst net..."

Der Lehrer der etwas anderen Schule klagt: „Jetzt hab ich ein halbes Jahr Sexualkundeunterricht gegeben und plötzlich bekommen drei Mädchen Babys. Jetzt weiß ich nicht, ob ich ihnen eine Eins geben oder sie durchfallen lassen soll!"

Der Rektor sitzt hinter seinem Schreibtisch und macht, was Rektoren so machen. Plötzlich gibt es einen lauten Schlag und die Tür bricht zusammen. Der Rektor springt auf und sieht Kevin, wie er nochmals gegen die Reste der Tür tritt. Der Rektor brüllt los: „Ja Kevin, wieso trittst du meine Tür ein? Bist du denn von allen guten Geistern verlassen?" Kevin schaut ihn verdutzt an: „Aber da hängt doch ein Schild: Bitte eintreten!"

Paul kommt mit einer blutigen Schramme nach Hause. Entsetzt stürzt seine besorgte Mutter auf ihn zu: „Oh, mein kleiner Liebling, was ist nur mit dir passiert? Hat dir etwa jemand wehgetan?" – „Ja, so ein blöder Idiot hat mich hier an der Stirn erwischt." Sofort empört sich die Mutter: „Würdest du dieses grobe Kind denn wieder erkennen? Da muss doch etwas unternommen werden!" Darauf steckt Paul seine Hand in die Hosentasche: „Klar, außerdem hab ich hier ja noch seine Schneidezähne!"

Das Inuitkind läuft freudestrahlend zu seiner Mutter in den Iglu. „Jippii, es sind 15 Grad unter null – das bedeutet hitzefrei!"

Nach einer Leichtathletikstunde ruft der Sportlehrer ein letztes Mal: „Alle Speere zu mir, bit…"

HAUSAUFGABE IN DEUTSCH WAR ES, SEIN ZIMMER ZU BESCHREIBEN; DOCH ALS DER LEHRER DIE HAUSAUFGABEN EINSAMMELN WILL, IST DAVIDS HEFT LEER. „ICH HAB MEIN ZIMMER BESCHRIEBEN; ABER NOCH BEVOR ICH MIT DER LETZTEN WAND FERTIG WAR, IST MEIN ALTER REINGEKOMMEN UND HAT MIR MEINE GANZEN STIFTE WEGGENOMMEN."

In Mathe steht in der anderen Schule heute Mengenlehre auf dem Plan. „Also, ich mache hier jetzt zwei Haufen hin…", beginnt der Lehrer, wird aber vom Kichern seiner Schüler unterbrochen. Er schreit: „Wenn ihr nicht sofort aufhört, kommen ein paar noch vor die Tür."

Das ABC des Zuspätkommens

Maxi kommt zu spät in die Schule gerannt. Mit hochgezogenen Brauen schaut ihn der Biolehrer an. „Entschuldigung", keucht Maxi. „Aber ich habe heute von einem Fussballspiel geträumt, und gerade, als ich aufstehen sollte, gab's eine Verlängerung."

Lena spaziert mit 20-minütiger Verspätung in den Unterricht. Noch bevor Herr Wimmer sich aufregen kann, erklärt Lena: „Bevor Sie mich anmeckern, wenden Sie sich an Frau Pinsel! Die hat verlangt, den Sonnenaufgang zu malen, und der war heute leider genau während der Mathestunde!"

Lukas schlendert eine geschlagene halbe Stunde zu spät in den Unterricht, grüsst freundlich und setzt sich seelenruhig auf seinen Platz. Biolehrer Kellermann läuft rot an und brüllt los: „Du bist schon wieder zu spät – wie soll da was aus dir werden!?" Lukas schaut ihn überrascht an: „Ach, hab ich heute was verpasst?"

Tim kommt mal wieder zu spät in die Schule: „'tschuldigung Frau Büchlein, aber ich hatte Zahnschmerzen und musste zum Zahnarzt."
Die Lehrerin erkundigt sich mitfühlend: „Oh, du Armer. Tut der Zahn denn noch weh?"
Tim zuckt mit den Achseln: „Keine Ahnung. Der Zahnarzt hat ihn behalten."

Lukas kommt zehn Minuten nach Unterrichtsbeginn ins Klassenzimmer geschlendert und setzt sich auf seinen Platz. Mathelehrer Wimmer donnert los: „So, mein Freundchen, jetzt ist Schluss. Das hat Konsequenzen!" Lukas lächelt ihn freundlich an: „Solange wir noch Freunde bleiben."

Lukas erscheint mal wieder zu spät zum Unterricht. Sehr besorgt wendet sich die Lehrerin ihm zu: „Lukas, wie willst du denn was lernen, wenn du immer zu spät kommst?" Lukas schaut sie verwundert an: „Aber Sie sagen doch immer: zum Lernen ist es nie zu spät!"

Frau Büchlein will gerade die Hausaufgaben einsammeln, als Paul ins Klassenzimmer gestürzt kommt. Mit einem Blick auf den Heftstapel ruft er: „Frau Büchlein, ich bin soeben Opfer eines Überfalls geworden!" Frau Büchlein, ganz besorgt: „Ist dir etwas passiert?" – „Oh, der Schuft hatte es nur auf meine Deutschhefte abgesehen …!"

Während der Schulrenovierungen müssen die Schüler helfen, die Klassenzimmer auszuräumen. Tim, Maxi und Ben sind mit Feuereifer dabei, Lukas verkrümelt sich lieber auf den Pausenhof. Da sieht Frau Büchlein sie einen schweren Schrank die Treppe hochschleppen. „Aber Kinder, der ist doch viel zu schwer für euch. Ich hatte doch gesagt, dass Lukas euch helfen soll." Sie schaut sich suchend um. „Oh, das macht er doch", antwortet Tim. „Er sitzt drin und hält die Bücher fest, damit sie nicht rausfliegen."

LUKAS ERSCHEINT ERST NACH DER VIERTEN STUNDE IN DER SCHULE. DER KLASSENLEHRER DROHT IHM: „SO GEHT DAS NICHT WEITER, LUKAS. ICH WERDE MICH ÜBER DICH BEI DEINEN ELTERN BESCHWEREN!" LUKAS SIEHT IHN ÜBERRASCHT AN: „WORÜBER DENN? ICH WAR DOCH GAR NICHT DA!"

Lukas kommt abgehetzt, lange nach dem Klingeln, in die Schule. Auf dem Gang trifft er auf seinen Mathelehrer. Herr Wimmer tippt auf seine Uhr: „18 Minuten Verspätung!" Lukas klopft ihm daraufhin aufmunternd auf die Schulter: „Ich auch, alter Junge!"

Tim und Paul kommen deutlich zu spät ins Klassenzimmer. „Wo kommt ihr denn jetzt her?" – „Oh, wir waren ganz pünktlich, aber der Winter steht vor der Tür, der hat uns nicht vorbeigelassen."

Erdkundelehrer Herr Tropisch schimpft: „ Mensch Tim, immer kommst du zu spät zur Schule! So geht das nicht weiter; du musst dir den Wecker stellen!" Tim antwortet ganz reumütig: „Tu' ich ja, aber der Wecker klingelt wohl immer, wenn ich noch schlafe."

Am Freitagmorgen kommt Lukas 15 Minuten nach Unterrichtsbeginn in die Klasse spaziert. Herr Wimmer tobt: „Das ist jetzt das fünfte Mal diese Woche, dass du zu spät kommst!" Darauf sieht ihn Lukas ernst an: „Ich verspreche Ihnen hoch und heilig, dass das diese Woche nicht mehr vorkommt."

Völlig aus der Puste stürmen Lukas, Tim und Paul eine geschlagene halbe Stunde zu spät ins Klassenzimmer. Herr Wimmer baut sich empört vor ihnen auf und faucht los: „So, wo kommt ihr denn jetzt her?!" Lukas, immer noch japsend: „Ich habe einer netten alten Dame über die Strasse geholfen." – „Hmm, und was ist mit dir, Tim?" – „Ich hab ihr auch über die Strasse geholfen!" – „So, Paul, und du hast ihr wahrscheinlich auch geholfen?" – „Ganz genau, Herr Wimmer. Lukas hatte den rechten Arm, Tim den linken und ich musste von hinten schieben!"

Lukas und Ben kommen viel zu spät in den Unterricht. „Wo kommt ihr denn her?", donnert Herr Wimmer los. Lukas schaut ihn ganz unschuldig an: „Es war so glatt da draußen, dass wir bei jedem Schritt nach vorn gleich wieder zwei nach hinten gerutscht sind." Herr Wimmer funkelt ihn gefährlich an: „Ach ja, und wie habt ihr es zur Schule geschafft?" – „Ganz einfach, wir haben aufgegeben und wollten wieder nach Hause laufen."

Der Tag der Wahrheit – Das Zeugnis

Paul legt seinem Fußball begeisterten Vater sein Zeugnis vor. „Du musst das so sehen, Papa, mein Vertrag für die achte Klasse ist soeben verlängert worden."

MAXI KOMMT MIT SEINEM ZEUGNIS NACH HAUSE. „UND, WIE IST ES, MEIN SOHN?", FRAGT DIE MUTTER BESORGT. „EIN BISSCHEN WIE BEIM ZAHNARZT: DAS WIRD JETZT EIN GANZ KLEINES BISSCHEN WEHTUN."

Jans Eltern sind ganz verzweifelt. Dieses Zeugnis ist einfach eine Zumutung und eine pädagogische Lösung muss her: „Also, Sohn, ab jetzt bekommst du für jede gute Note zehn Euro!" Am nächsten Tag auf dem Schulhof: „Psst, Frau Gehnau, Interesse sich hier und da mal fünf Euro dazuzuverdienen?"

Bernd kommt wütend nach Hause: „Ständig beschwert sich die Gehnau, dass ich mich so oft verschreibe, und jetzt schau dir mein Zeugnis an, Mama, lauter Fehler!"

Lenas Mutter kommt morgens in das Zimmer ihrer Tochter. Auf dem gemachten Bett liegt ein Brief. Mit zitternden Fingern beginnt sie zu lesen: „Liebe Mutter, ich habe mich unsterblich in einen älteren Mann verliebt, und wir sind gemeinsam durchgebrannt, um unser gemeinsames Kind großziehen zu können und er nicht von der Polizei geschnappt wird und im Gefängnis landet. Dabei war das ja alles nur ein riesiges Missverständnis, hat er mir erklärt. Ich hoffe, du kannst uns hin und wieder etwas Geld schicken, bis bald, deine Lena P.S. Bin bei Paula. Du siehst, es gibt viel Schlimmeres als eine Fünf in Mathe. Unterschreib doch bitte das Zeugnis auf dem Schreibtisch."

Der Vater schaut Laura enttäuscht an: „Wirklich, dieses Zeugnis gefällt mir aber gar nicht." Sie antwortet fröhlich: „Mir auch nicht! Siehst du, wir haben den gleichen Geschmack!"

FRAU BÜCHLEIN SCHREIBT ZU BEGINN DER DEUTSCHSTUNDE GROSS DAS WORT NOTWEHR AN DIE TAFEL UND SCHAUT ERWARTUNGSVOLL IN DIE RUNDE. „WEISS JEMAND EIN BEISPIEL FÜR NOTWEHR?" LUKAS ZEIGT AUF: „WENN ICH MEIN ZEUGNIS SELBST UNTERSCHREIBE, IST DAS EIN KLARER FALL VON NOTWEHR!"

„Ben, wo ist denn dein Zeugnis?", fragt seine Mutter. „Ach, das hab ich Tim mitgegeben", lacht Ben. „Der wollte seine Eltern mal so richtig schocken!"

Fröhlich kommt Paul am Zeugnistag nach Hause. Er gibt seiner überraschten Mutter einen Kuss auf die Wange, setzt sich an den Esstisch und beginnt mit gesundem Appetit das Mittagessen in sich hineinzuschaufeln. Da fragt ihn seine Mutter erwartungsvoll: „Habt ihr heute nicht Zeugnisse bekommen?" Darauf wirft Paul seine Gabel auf den Tisch und faucht seine Mutter an: „Jetzt hatte ich so gute Laune und du suchst schon wieder Streit!"

Herr Wimmer betrachtet argwöhnisch die Unterschrift auf Lukas' Zeugnis. „Lukas, ich hoffe doch, ich habe dich gerade nicht beim Fälschen einer Unterschrift erwischt!" – Tja, die Hoffnung stirbt zuletzt."

<u>Klaus stapft am Unterrichtsanfang wütend zum Lehrerpult, knallt das Zwischenzeugnis vor die erstaunte Lehrerin und schimpft: „Meinem Papa hat das Zeugnis überhaupt nicht gefallen und dann hat er auch noch mit mir geschimpft; ich will sofort ein anderes!"</u>

Fassungslos starrt Maxis Vater auf das Zwischenzeugnis seines Sohnes: „Nur Fünfen in den Hauptfächern, aber eine Eins im Chor!" Resigniert schüttelt er den Kopf: „Dass du bei einem so schlechten Zeugnis noch singen kannst?"

„Sag mal, Maxi, ich hab dein Zeugnis noch gar nicht gesehen", wundert sich der Vater am Frühstückstisch. Maxi erwidert: „Letztes Jahr hast du doch gesagt, dass ich so ein schlechtes Zeugnis nicht mehr mit nach Hause bringen darf und da hab ich es gleich in der Schule gelassen."

Lukas' Mutter ist mal wieder stinksauer. Wütend wedelt sie mit dem Zeugnis durch die Luft: „Du hast doch behauptet, dass du diesmal eine Zwei in Mathe hast, aber hier steht ausreichend!" – „Ich weiß gar nicht, was du von mir willst. Ausreichend bedeutet doch bestanden und bestanden ist doch gut und gut ist eine Zwei!"

Klaus steht im Matheunterricht und zählt brav bis zehn: „1-2-3-4-6-7-8-9-10" – „Und wo ist die Fünf geblieben, Klaus?", will Herr Wimmer wissen. Da funkelt ihn Klaus böse an: „Na, das müssen Sie doch am besten wissen; die steht neben Mathe auf meinem Zeugnis."

LUKAS' VATER IST ALLES ANDERE ALS BEGEISTERT VOM ZEUGNIS SEINES SOHNES. „DAS MUSS ABER VIEL BESSER WERDEN. ICH IN DEINEM ALTER WAR DA VIEL BESSER...", SETZT DER VATER AN, ALS LUKAS AUFSTEHT UND ES SICH AUF DER COUCH GEMÜTLICH MACHT. „RED DOCH WEITER, PAPA, ICH LIEBE GUTE-NACHT-GESCHICHTEN."

Der Vater tobt: „Wirklich, Lukas, mit so einem schlechten Zeugnis hätte ich mich niemals nach Hause getraut!" – „Da kannst du mal sehen, wie tapfer und mutig ich bin!"

Mit hängendem Kopf kommt Maxi nach Hause und legt seinem Vater sein alles andere als gutes Zeugnis vor. Dieser starrt eine Weile darauf, dann donnert er los: „Für dieses Zeugnis sollte jemand Prügel bekommen!" Hoffnungsvoll schaut Maxi seinen Vater an. „Du, ich weiß, wo mein Lehrer wohnt."

„Was passiert denn, wenn man vom Blitz getroffen wird, Ben?" Der grübelt und grübelt, bis Tim für ihn einspringt. „Das kann ich Ihnen morgen sagen, wenn mein Vater das Zeugnis gesehen hat."

SONNTAGS BEI KAFFEE UND KUCHEN. „SAG MAL, LENA, WIE IST DENN DAS ZEUGNIS AUSGEFALLEN?", FRAGT DIE OMA. „ACH OMA, DU WEISST DOCH: HAUPTSACHE WIR BLEIBEN GESUND!"

Maxis Vater regt sich furchtbar über die Fünf in Mathe auf. „Aber Papa, ich kann gar nichts dafür, es ist erwiesen, dass fünf von vier Kindern Probleme in Mathe haben!"

Klaus kommt mit seinem ersten Zeugnis nach Hause. Die Mutter versucht es ganz pädagogisch: „Nun, es gibt hier ja schon viel Gutes, allerdings solltest du dich nächstes Jahr doch ein wenig mehr anstrengen." Entsetzt schaut sie Klaus an. „Nein, ich will ja gar nicht gut sein! Ich will so sein wie Papa!"

Paul legt seinem heute besonders schlecht gelaunten Vater das Jahreszeugnis auf den Frühstücksteller. Noch bevor der Vater den Mund aufmachen kann, sagt Ben: „Meine Freunde sind alle im Urlaub, der Fußballplatz ist wegen irgend so einer Baustelle gesperrt und die Playstation hast du mir schon wegen der zerbrochenen Fensterscheibe abgenommen."

„Lukas, das ist ja das Letzte! So ein miserables Zeugnis habe ich ja noch nie gesehen. Das hat Konsequenzen, mein Sohn!" „Äh, Papa ... das ist eins von deinen alten Zeugnissen, die oben auf dem Dachboden liegen." Lukas' Vater wird rot und stottert verlegen: „Ah ja, richtig, äh, das war wohl das Jahr, in dem ich so oft krank war, also ..." Lukas winkt ab. „Ist schon gut, Papa, ist doch mein Zeugnis."

<u>Im Religionsunterricht erzählt Pfarrer Himmelreich von den Zehn Geboten: „Es gab ein Gebot für Diebstahl und für Ehebruch ..." Da ruft der kleine Klaus: „Und ein Gebot für Lehrer: Du sollst kein falsches Zeugnis ..."</u>

KLAUS KOMMT MIT SEINEM ZEUGNIS NACH HAUSE UND BESCHWERT SICH BITTERLICH: „STÄNDIG MECKERT DIE GEHNAU, DASS SIE MEINE SCHRIFT SO SCHLECHT LESEN KANN, UND JETZT SEHEN IHRE ZWEIEN GENAUSO AUS WIE VIERER!"

Der kleine Bernd kommt am Zeugnistag fröhlich nach Hause: „Papa, ich habe gute Nachrichten für dich: ich brauche keine neuen Schulbücher nächstes Jahr; ich darf die alten noch ein weiteres Jahr benutzen."

Maja kommt mit ihrem Zeugnis nach Hause und schäumt vor Wut: „Die Mathenote ist voll ungerecht! Ich kann schließlich schneller rechnen als mein Mathelehrer!"
Das will der Vater genauer wissen: „Also, was ist fünf mal fünf?" Wie aus der Pistole geschossen antwortet Maja: „33!" – „Aber das ist ja falsch!" – „Das schon, aber unglaublich schnell!"

Gut geraten ist halb gewusst

Geschichtslehrer Staubig redet über Ägypten. „Wer kann mir denn mal erklären, was denn eine Mumie ist?" Da tönt es aus der letzten Reihe: „Ein eingemachter König!"

FRAU BÜCHLEIN MÖCHTE VON DEN SCHÜLERN WISSEN: „WENN ICH SAGE, WIR HABEN ZU MITTAG GEGESSEN; WELCHE ZEIT IST DAS LUKAS?" – „SO UNGEFÄHR EIN UHR WÜRDE ICH SCHÄTZEN."

ERDKUNDE, SECHSTE STUNDE. „... UND WAS IST DER WÖRTERSEE, LUKAS?" DER BLICKT AUF, ZUCKT MIT DEN SCHULTERN: „DIE STEIGERUNG VON BUCHSTABENSUPPE?"

„So, Lena, was weißt du denn über die alten Römer?" – „Auf jeden Fall sind sie alle tot."

AUFGABE IN DER DEUTSCHPROBE LAUTET: SETZE EIN NOMEN DEINER WAHL IN DIE VIER FÄLLE. IN BENS ARBEIT STEHT ZU LESEN: WERWOLF, WESSENWOLF, WEMWOLF, WENWOLF.

„Wirklich, Herr Wimmer, Sie müssen mir noch eine Chance geben, damit ich keine Fünf im Zeugnis bekomme!" Der Mathelehrer zeigt ein hinterhältiges Grinsen: „Also gut, Lukas, was sind denn 429 Bücher mal 37?" – „Die Stadtbücherei?"

„Lena, kannst du mir denn sagen, wann Rom erbaut wurde?" – „In der Nacht." – „Wie kommst du denn darauf?" – „Im Schulbuch steht doch, das Rom nicht an einem Tag erbaut wurde."

„So, wer kann mir denn mal ein Tier ganz ohne Knochenbau nennen?" Maxi meldet sich stolz. „Eine Schnecke, Herr Kellermann." – „Gut mitgedacht. Dann nenne mir doch bitte ein weiteres Tier ohne Knochenbau."
Maxi gerät ins Schwitzen. „Der Mann von der Schnecke?"

FRAU BÜCHLEIN SCHAUT MAXI AN UND FORDERT IHN AUF: „NENNE MIR DOCH BITTE EINIGE PRONOMEN." MAXI SCHAUT SICH ALARMIERT UM: „WER? ICH ODER ER?" – „PRIMA."

Im Geschichtsunterricht fragt Lehrer Staubig: „Aus welchem Grund hat Hannibal die Alpen überquert, Lena?" – „Na wahrscheinlich, weil der Tunnel am Brenner noch nicht ganz fertig war."

Vokabelabfrage bei Mister Greene: „Ben, weißt du denn auch, was neun auf Englisch heißt?" Ben überlegt kurz und antwortet dann: „Nein." – „Very good, Ben."

LUSTIGE FAKTEN AUS DEM BIOLOGIEUNTERRICHT: „WER KANN MIR DENN ERKLÄREN, WARUM EISBÄREN WEISS SIND?" – „WÄREN SIE ROT, MÜSSTEN SIE JA ERDBÄREN HEISSEN."

„So, Ben, nun bilde doch bitte einen einfachen Aussagesatz mit den Worten Pferd und Wagen", fordert Frau Büchlein Ben auf. „Das Pferd zieht den Wagen." – „Gut Ben, und nun bitte die Befehlsform." Nach kurzem, verzweifeltem Überlegen: „Hühaa!"

Herr Tropisch doziert: „Wenn das Festland in das Meer hineinreicht, sprechen wir von einer Landzunge." – „Ah, und wenn das Meer ins Festland hineinreicht, sprechen wir von einer Seezunge", vermutet Maxi.

Biolehrer Kellermann fragt: „Nun, welches Tier ist denn noch mit der Klapperschlange verwandt?" Da meldet sich der ruhige Martin. „Der Klapperstorch. Mein Vater sagt immer, dem kann man auch nicht trauen."

„Wem verdanken wir unseren heutigen Kalender, Maxi?" – „Puh, den heutigen weiß ich gar nicht, aber den letztes Jahr haben wir von der Sparkasse bekommen."

Herr Tropisch möchte von seinen Schülern wissen, wie man wohl am besten durch die Wüste Sahara kommt. Da muss Lukas gar nicht nachdenken: „Natürlich als Kamel!"

Nach dem Erste-Hilfe-Kurs fragt Biolehrer Kellermann ganz interessiert: „Kinder, was tut ihr zum Beispiel, wenn euer kleiner Bruder den Hausschlüssel verschluckt hat?" Eine Stimme aus der letzten Reihe: „Dann steige ich durchs Fenster!"

Herr Tropisch fragt in Erdkunde: „Wisst ihr wenigstens, wer Amerika entdeckt hat?"
Tim schreit los: „Welcher Idiot hatte das denn nun schon wieder verloren?"

„Wie heißen denn die ganz kleinen Wellen am Meer?" Lukas hat eine Vermutung: „Wahrscheinlich Mikrowellen!"

DIE UNTERSCHEIDUNG VON OBST UND GEMÜSE FÄLLT DEN SCHÜLERN IMMER NOCH SCHWER. BIOLEHRER KELLERMANN VERSUCHT, ABHILFE ZU SCHAFFEN, NUR BEIM KNOBLAUCH HERRSCHT NOCH UNKLARHEIT. „ALSO MAXI, WO GEHÖRT DER KNOBLAUCH DENN NUN HIN UND WESHALB?" – „KLARE SACHE, IN DEN MÜLL, UND ZWAR WEIL ER AUS DEM MUND VON ANDEREN IMMER FURCHTBAR STINKT!"

„Wie ihr ja alle wisst, hat Obst viele wichtige Vitamine. Wann, glaubt ihr, ist denn die beste Zeit für die Obsternte?" Maxi überlegt kurz und vermutet: „Wenn der Bauer schläft..."

Pfarrer Himmelreich fragt im Religionsunterricht: „Lukas, warum durften Adam und Eva denn nicht den Apfel vom Baum der Erkenntnis essen?" – „Na, vielleicht waren die Äpfel noch nicht reif."

Die Beschaffenheit des Lichts steht heute auf dem Stundenplan. „Und was passiert mit dem Licht, wenn es auf Wasser trifft, Lukas?" – „Ich vermute mal, es geht aus?"

Heute fragt Herr Tropisch zu Beginn der Erdkundestunde Ben aus. „Dann zeig uns doch mal auf der Karte Amerika." Ben sucht ein wenig verloren auf der Weltkarte herum, zeigt aber schließlich auf Amerika. „Und wer hat Amerika entdeckt?", wendet sich Herr Tropisch nun an Tim. „Na, der Ben hat's entdeckt!"

In Biologie zeigt der Lehrer Herr Kellermann ein Bild mit verschiedenen einheimischen Vögeln. „So Lukas, hier oben sehen wir einen Kleiber und einen Buchfink. Würdest du bitte sagen, welcher der Kleiber ist?" Lukas kneift die Augen zusammen und starrt auf das Bild. Dann: „Ahh, der Kleiber ist der neben dem Buchfink!"

FRAU BÜCHLEIN ÜBT MIT DER KLASSE DIE PERSONALFORMEN DER VERBEN. „ICH GEHE, DU GEHST, ER, SIE, ES GEHT, WIR GEHEN, IHR GEHT, SIE GEHEN; WAS KANNST DU DAZU SAGEN, MAXI?" – „HMM. ICH WÜRD' SAGEN, DASS JETZT ALLE WEG SIND."

Deutschlehrerin Büchlein: „Nenne mir bitte die Befehlsform von schweigen, Paul." – „Psssst."

Herr Kellermann erfreut seine Schüler mal wieder mit außergewöhnlichen Tatsachen der Biologie: „Eine Kuh hat sage und schreibe fast 24 Meter Darm. Wofür könnte das wohl gut sein?" Freudig hebt Ben seinen Finger: „Damit genug Würstchen gemacht werden können!"

Frau Büchlein fragt Paula: „Und wie lautet die Zukunftsform von ich stehle?" – „Ich geh in den Knast?"

Herr Kellermann plant ein lustiges Experiment mit den Schülern. Vor ihm auf dem Pult stehen zwei Gläser mit je einem Wurm. Der Wurm im ersten Glas schwimmt putzmunter im Wasser. Im anderen Glas ist Alkohol. Dort ist der Wurm mausetot. „Und was könnt ihr daraus lernen?" Da kommt Maxis Stimme von hinten: „Ah! Wer säuft, bekommt also keine Würmer!"

„So, die Mehrzahl von Grossvater heisst Grossväter, von Raubvogel Raubvögel; also heisst die Mehrzahl von Sandkorn ... Lukas?" Der lässt sich nicht aus der Ruhe bringen und antwortet gelangweilt: „Wüste."

In der Chemiestunde: „Eisen oxidiert an der Luft; was passiert zum Beispiel mit Gold, wenn man es an der Luft liegen lässt, Tim?" – „Ist doch klar. Es verschwindet!"

Erdkundeunterricht: Paula sitzt in der letzten Reihe und schreibt ihrer Freundin konzentriert alle Einzelheiten ihres Dates von gestern Abend. Plötzlich brüllt Lehrer Tropisch von der Tafel aus: „So Paula, erklär' uns doch mal, was Sturm ist!" Sie antwortet, ohne vom Handy aufzuschauen:" Is' doch klar: Wind, der's eilig hat."

BIOLEHRER KELLERMANN MACHT VOR SEINEN SCHÜLERN EINEN KOPFSTAND. WIEDER AUF DEN FÜSSEN STEHEND UND MIT HOCHROTEM KOPF ERKLÄRT ER: „WENN ICH AUF DEM KOPF STEHE, FLIESST MEIN BLUT IN DEN KOPF, ABER JETZT NICHT IN MEINE FÜSSE. WORAN KANN DAS WOHL LIEGEN?" LUKAS VERMUTET: „DIE FÜSSE SIND NICHT HOHL?"

Frau Büchlein verteilt heute selbstgebackene Plätzchen an die Schüler. Maxi nimmt sich wortlos eines vom Teller. „Nun Maxi, wie heißt das Zauberwort?" – „Hokus Pokus?"

„Sag mal Maxi, was glaubst du, ist weiter weg: Der Nordpol oder der Mond?" Nach ein paar Augenblicken antwortet Maxi überzeugt: „Natürlich der Nordpol!" Entsetzt fragt der Erdkundelehrer Tropisch: „Wie kommst du denn darauf?" – „Na, den Mond kann ich sehen; den Nordpol ja wohl nicht!"

Wandertag: Immer wieder schön

Biolehrer Kellermann macht mit der ersten Klasse einen Ausflug auf den Bauernhof: „So, nun dürft ihr Bauer Huber noch Fragen stellen." Klaus meldet sich nachdenklich: „Sagen Sie, Herr Huber, lohnt es sich überhaupt noch, Kühe zu halten, wo es doch mittlerweile Tetrapacks gibt?"

WANDERTAG AUF DEM LAND BEI 30 GRAD IM SCHATTEN. IN DER FERNE STEHEN EINIGE WINDMÜHLEN. „WOFÜR WAREN DENN WOHL DIESE ALTEN WINDMÜHLEN GUT?" KLAUS ANTWORTET GANZ HOFFNUNGSVOLL: „VIELLEICHT ALS GROSSE VENTILATOREN FÜR DIE KÜHE WENN ES HEISS WAR?"

Die Klasse stapft geschlossen an einem See entlang. Langsam und majestätisch kommen drei Schwäne herangeschwommen. Lehrerin Büchlein ist ganz verzückt: „Schaut nur, diese schönen Federn und diese langen Hälse, wie elegant, findet ihr nicht?" Laura zuckt mit den Achseln und meint: „Das säh mit meinem neuen Rollkragenpullover ziemlich dämlich aus, aber beim Diktat hätte so ein Hals schon was für sich."

<u>Während des Wandertags humpelt Paul den anderen hinterher. Irgendwann bleibt er stehen und ruft: „Herr Wimmer, ich kann nicht mehr weiterlaufen; mein Fuß ist eingeschlafen!" Lukas dreht sich um: „Kumpel, so wie dein Fuß riecht, schläft der nicht mehr, sondern ist schon länger tot."</u>

Wandertag in den Bergen. Als die Klasse endlich schwitzend auf dem Gipfel ankommt, sehen sie dort einen Mann sitzen, der die wunderbare Landschaft malt. Ben schaut eine Weile zu, dann steht er auf und geht zu dem Mann rüber: „Mensch, haben Sie auch Ihre Kamera vergessen?"

Beim Wandertag kommt die Klasse an der Polizei vorbei. Interessiert betrachtet Klaus die Fahndungsfotos. „Sind das Leute, die die Polizei sucht?" – „Ja, genau." Klaus fängt an zu lachen: „Die Polizisten sind ja ganz schön doof. Da hätten sie die Verbrecher lieber einsperren sollen, als sie zu fotografieren."

Während der Zugfahrt zum Schullandheim muss Klaus auf die Toilette. Danach findet er das Abteil mit seinen Mitschülern nicht mehr. Den Tränen nahe bittet er einen Schaffner um Hilfe. „Kannst du dich denn noch an irgendetwas erinnern, was in der Nähe des Abteils war?" Klaus zieht seine Nase hoch und schnieft: „Also, vor dem Fenster konnte ich Häuser und einen roten Kirchturm sehen."

Die ganze Schule darf zu einem Streichkonzert. Nach kurzer Zeit hört man deutlich eine Stimme: „Und wenn der Kerl da vorne rechts sein Instrument endlich durchgesägt hat, dürfen wir hoffentlich nach Hause."